3

橋本《はしもと》左内《さない》

学《まな》んだことは、すぐに実行《じっこう》する

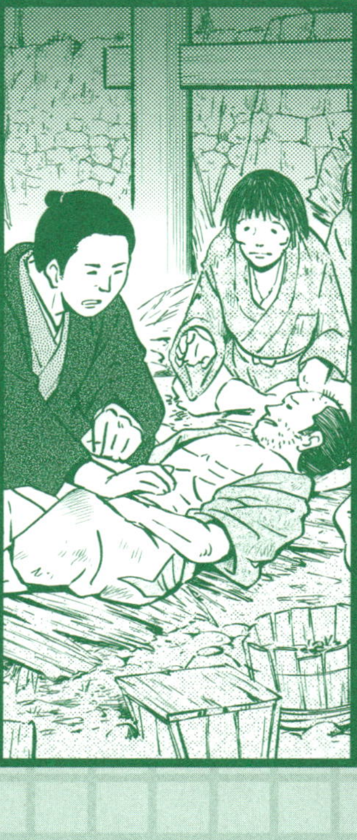

4

武田《たけだ》信玄《しんげん》・徳川《とくがわ》家康《いえやす》

何《なに》を言《い》われても気《き》にせず、信念《しんねん》を持《も》って生《い》きる

5

阿《あ》難《なん》

プレゼントされた品物《しなもの》は、いつまでも、大切《たいせつ》に

マンガ 歴史人物に学ぶ 大人になるまでに身につけたい 大切な心 3

原作 木村 耕一　まんが 太田 寿

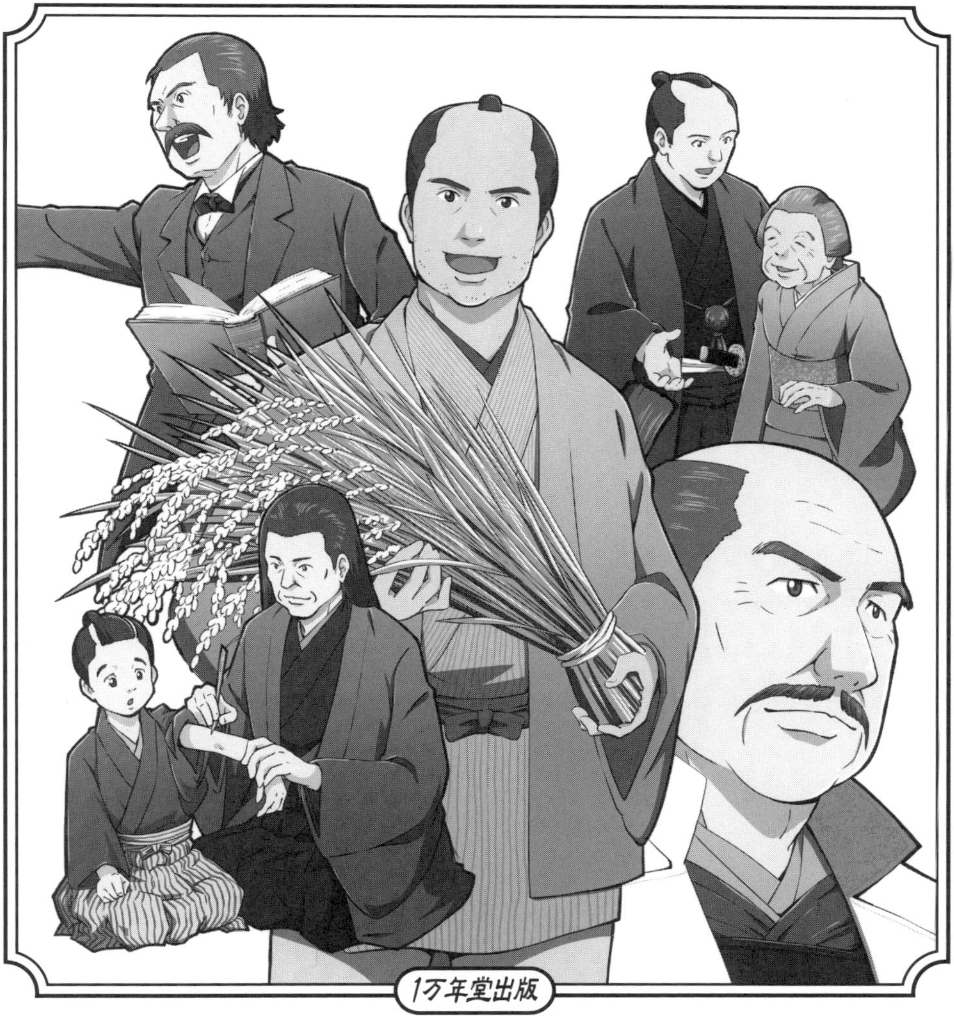

1万年堂出版

もくじ

マンガ 歴史人物《れきしじんぶつ》に学《まな》ぶ
大人《おとな》になるまでに身《み》につけたい大切《たいせつ》な心《こころ》③

第《だい》1話《わ》

夢《ゆめ》を持《も》つと、生《い》きる力《ちから》がわいてくる

トロイの遺跡《いせき》を発掘《はっくつ》したシュリーマン

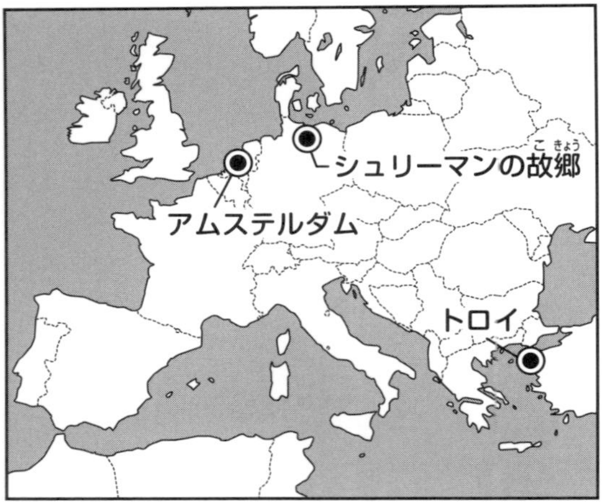

ハインリヒ・シュリーマン
（1822年生-1890年没）

人物紹介《じんぶつしょうかい》 ハインリヒ・シュリーマン

シュリーマンは、ドイツの貧《まず》しい家《いえ》に生《う》まれました。とても不幸《ふこう》な少年時代《しょうねんじだい》を送《おく》りますが、努力《どりょく》によって、自分《じぶん》の未来《みらい》を切《き》り開《ひら》いていった人《ひと》です。

彼《かれ》は、語学《ごがく》の天才《てんさい》であり、大実業家《だいじつぎょうか》であり、考古学者《こうこがくしゃ》でした。いずれの面《めん》でも輝《かがや》かしい成果《せいか》を残《のこ》しています。

シュリーマンは、勉強熱心《べんきょうねっしん》でした。次々《つぎつぎ》に外国語《がいこくご》をマスターし、十五《じゅうご》カ国語《こくご》も話《はな》せたといわれています。身《み》につけた外国語《がいこくご》を仕事《しごと》に活《い》かし、商人《しょうにん》として大成功《だいせいこう》します。そして、世界的《せかいてき》な大富豪《だいふごう》になりました。

事業《じぎょう》で蓄《たくわ》えた財産《ざいさん》を何《なに》に使《つか》うのか。シュリーマンは、考古学《こうこがく》を学《まな》び、古代《こだい》ギリシャの遺跡《いせき》「トロイ城《じょう》」の発掘《はっくつ》に情熱《じょうねつ》を燃《も》やします。

それは、幼《おさな》い時《とき》から抱《いだ》き続《つづ》けた夢《ゆめ》だったのです。四十《よんじゅう》数年《すうねん》かけて夢《ゆめ》を達成《たっせい》したのです。

夢《ゆめ》を持《も》ち、
夢《ゆめ》に向《む》かって努力《どりょく》すると、
生《い》きる力《ちから》がわいてきます
少年時代《しょうねんじだい》の夢《ゆめ》を、
生涯《しょうがい》かけて達成《たっせい》した人《ひと》がいます。
ドイツの貧《まず》しい家《いえ》に生《う》まれた、
ハインリヒ・シュリーマンです

彼《かれ》は、七歳《ななさい》の時《とき》に、父《ちち》から、トロイ戦争《せんそう》の物語《ものがたり》を、＊わくわくしながら聞《き》いていました
三千年前《さんぜんねんまえ》のこと。ギリシャ軍《ぐん》は、トロイの城《しろ》を攻撃《こうげき》していました。しかし、トロイ人《じん》は、とても強《つよ》く、勝《か》てそうにありません。ある日《ひ》、ギリシャ軍《ぐん》は、負《ま》けたふりをして、引《ひ》きあげてしまったのです

＊トロイ戦争《せんそう》の物語《ものがたり》……古代《こだい》ギリシャの伝説的《でんせつてき》詩人《しじん》・ホメロスの作《さく》といわれる『イリアス』に出《で》てきます。

なぜか、ギリシャ軍《ぐん》がいた場所《ばしょ》には、巨大《きょだい》な木馬《もくば》が置《お》き去《ざ》りにされていました。戦《たたか》いに勝《か》ったと思《おも》ったトロイ人《じん》は、木馬《もくば》を、城《しろ》の中《なか》へ引《ひ》いていったのです
実《じつ》は、巨大《きょだい》な木馬《もくば》の中《なか》に、ギリシャの兵士《へいし》が隠《かく》れていたのです。夜《よ》がふけると、木馬《もくば》の中《なか》から、兵士《へいし》がぞろぞろと出《で》てきて、城《しろ》に火《ひ》を放《はな》ちました。トロイ城《じょう》は、一夜《いちや》で陥落《かんらく》してしまったのです
木馬《もくば》の中《なか》に隠《かく》れるなんて、すごいなあ！
お父《とう》さん、ぼく、トロイの城《しろ》を見《み》たい！どこにあるの
大昔《おおむかし》の城《しろ》だからね。ずっと、ずっと、地下《ちか》深《ふか》くに埋《う》もれているよ

七歳《ななさい》のシュリーマンは、この時《とき》、古代《こだい》ギリシャの遺跡《いせき》、トロイを発掘《はっくつ》したいという、夢《ゆめ》を持《も》ちました
しかし、それは、誰《だれ》が考《かんが》えても不可能《ふかのう》なことでした

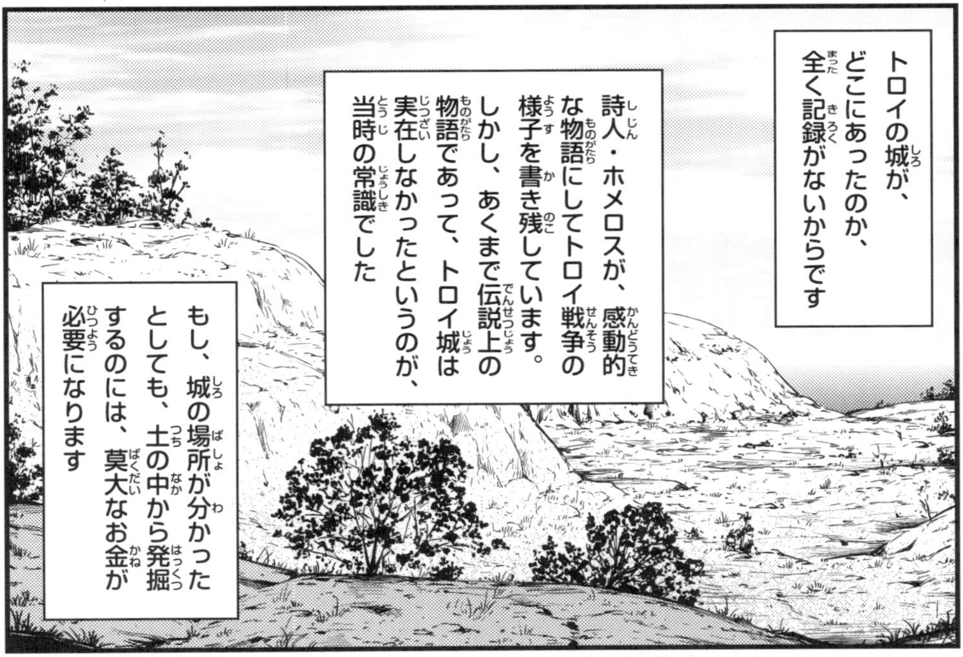
トロイの城《しろ》が、どこにあったのか、全《まった》く記録《きろく》がないからです
詩人《しじん》・ホメロスが、感動的《かんどうてき》な物語《ものがたり》にしてトロイ戦争《せんそう》の様子《ようす》を書《か》き残《のこ》しています。しかし、あくまで伝説上《でんせつじょう》の物語《ものがたり》であって、トロイ城《じょう》は実在《じつざい》しなかったというのが、当時《とうじ》の常識《じょうしき》でした
もし、城《しろ》の場所《ばしょ》が分《わ》かったとしても、土《つち》の中《なか》から発掘《はっくつ》するのには、莫大《ばくだい》なお金《かね》が必要《ひつよう》になります

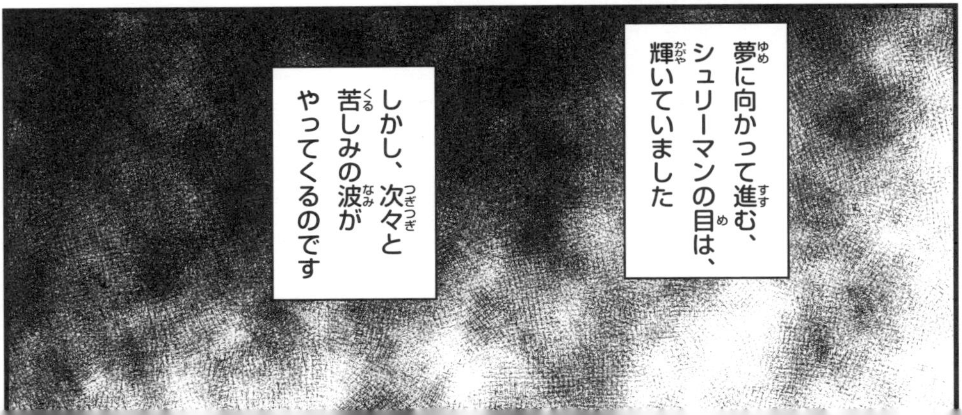
夢《ゆめ》に向かって進《すす》む、シュリーマンの目《め》は、輝《かがや》いていました
しかし、次々《つぎつぎ》と苦《くる》しみの波《なみ》がやってくるのです

お母《かあ》さん！
間《ま》もなく母親《ははおや》が亡《な》くなり、父親《ちちおや》は仕事《しごと》に失敗《しっぱい》してしまいます
シュリーマンは、学校《がっこう》をやめて働《はたら》きました
十四歳《じゅうよんさい》で雑貨店《ざっかてん》に就職《しゅうしょく》し、朝五時《あさごじ》から夜十一時《よるじゅういちじ》まで働《はたら》いたのです
いつか必《かなら》ず、トロイの城《しろ》を掘《ほ》り出《だ》してみせるぞ……

「トロイ発掘《はっくつ》」の夢《ゆめ》は、忘《わす》れたことがありませんでした
夢《ゆめ》をかなえるまで、死《し》んでたまるか！がんばるぞ！
ゴホゴホ
しかし、厳《きび》しい仕事《しごと》が続《つづ》いたため、五年後《ごねんご》に、血《ち》を吐《は》いて倒《たお》れてしまったのです
体《からだ》が悪《わる》くなると、情《なさ》け容赦《ようしゃ》なく仕事《しごと》を辞《や》めさせられてしまいました
ああ……。世《よ》の中《なか》を、一人《ひとり》で生《い》きていくのは、なんて厳《きび》しいんだ

五年間《ごねんかん》、あれほど
働《はたら》いたのに、ほとんど
蓄《たくわ》えがない……
シュリーマンは、どんな
仕事《しごと》でもしましたが、
体《からだ》が悪《わる》くなり、
長続《ながつづ》きしませんでした
やがて、船《ふね》の乗組員《のりくみいん》
になります
ところが──
ドオォオ

彼《かれ》を乗《の》せた船《ふね》が
嵐《あらし》にあい、オランダ沖《おき》で
難破《なんぱ》してしまったのです
ザザザザァ
辛《かろ》うじて命《いのち》は助《たす》かりましたが、再《ふたた》び、仕事《しごと》を失《うしな》ってしまいました
彼《かれ》は、どん底《ぞこ》にいました不幸《ふこう》の
そんな彼《かれ》に、生《い》きる力《ちから》を与《あた》え続《つづ》けたのは
いつかは、あの輝《かがや》かしい伝説《でんせつ》の都《みやこ》、トロイを発掘《はっくつ》したい
という夢《ゆめ》でした。夢《ゆめ》を持《も》っていなかったら、くじけて、自殺《じさつ》していたかもしれません

＊アムステルダム……国際貿易《こくさいぼうえき》の要《かなめ》となる大商業都市《だいしょうぎょうとし》でした。

シュリーマンは、感謝《かんしゃ》して、このチャンスを最大限《さいだいげん》に生《い》かす努力《どりょく》を始《はじ》めました
彼《かれ》は、トロイを発掘《はっくつ》する目的《もくてき》を果《は》たす手段《しゅだん》として、商人《しょうにん》になる決意《けつい》をしたのです
発掘《はっくつ》をするには、お金《かね》が必要《ひつよう》だ。億万長者《おくまんちょうじゃ》になってやるぞ！
ダッ
ダッ

シュリーマンの
目的《もくてき》は、あまりにも
大《おお》きなものでした
小《ちい》さな山《やま》に登《のぼ》る一歩《いっぽ》と、
大《おお》きな山《やま》に登《のぼ》る一歩《いっぽ》では、
同《おな》じ一歩《いっぽ》でも覚悟《かくご》が
違《ちが》います
目的《もくてき》が大《おお》きければ
大《おお》きいほど、
努力《どりょく》しなければ
ならないのは、
当然《とうぜん》のことです
果《は》たしてシュリーマンは、
どんな覚悟《かくご》をしたのでしょうか
給料《きゅうりょう》は安《やす》いけれど、
勉強《べんきょう》する時間《じかん》ができた
ことはうれしい
外国語《がいこくご》を身《み》につけた
ほうが仕事《しごと》に有利《ゆうり》だ
よおし！

給料《きゅうりょう》の半分《はんぶん》を学費《がくひ》にあてて、
一心不乱《いっしんふらん》に英語《えいご》の勉強《べんきょう》に
打《う》ち込《こ》んでいきました
うう、寒《さむ》い……
暖房《だんぼう》もない屋根裏《やねうら》の部屋《へや》で、食費《しょくひ》も切《き》り詰《つ》めて、勉強《べんきょう》しました
彼《かれ》は、自伝《じでん》に、こう書《か》いています
努力《どりょく》すれば必《かなら》ず報《むく》われる、と信《しん》じれば、勉強《べんきょう》に力《ちから》が入《はい》ります

必死《ひっし》に勉強《べんきょう》しているうちに、私《わたし》は、どんな外国語《がいこくご》でも、簡単《かんたん》にマスターする方法《ほうほう》を身《み》につけました
その方法《ほうほう》は、まず、大《おお》きな声《こえ》で音読《おんどく》すること
毎日一回《まいにちいっかい》は授業《じゅぎょう》を受《う》けること、作文《さくぶん》をして先生《せんせい》に直《なお》してもらうこと、直《なお》してもらった文章《ぶんしょう》を暗記《あんき》すること、などです
シュリーマンは、どんな時間《じかん》でも活用《かつよう》しました
郵便局《ゆうびんきょく》での待《ま》ち時間《じかん》はもちろん、歩《ある》きながらも、英語《えいご》の本《ほん》を読《よ》んでいました

※本《ほん》やスマホを見《み》ながら歩《ある》くことは危険《きけん》ですから、やめましょう。

シュリーマンは、学校《がっこう》を中退《ちゅうたい》して働《はたら》いたので、勉強《べんきょう》が得意《とくい》ではありませんでした
ああ、なんて記憶力《きおくりょく》が悪《わる》いのだろう。なかなか覚《おぼ》えられない……
だからこそ、他人《たにん》の何倍《なんばい》も時間《じかん》をかけて必死《ひっし》に勉強《べんきょう》しなければ！
その努力《どりょく》の結果《けっか》は目覚《めざ》ましく、半年間《はんとしかん》で、英語《えいご》の基本《きほん》をすっかり身《み》につけてしまったのです
ペラ
ペラ
ペラ
次《つぎ》に彼《かれ》は、フランス語《ご》に挑戦《ちょうせん》しました
Bonjour《ボンジュール》 Bonsoir《ボンソワール》

訓練《くんれん》した効果《こうか》があって、記憶力《きおくりょく》がよくなってきたぞ！
オランダ語《ご》、スペイン語《ご》、イタリア語《ご》、ポルトガル語《ご》は、それぞれ六週間《ろくしゅうかん》でマスターしてしまいました
私《わたし》は六《ろっ》カ国語《こくご》を身《み》につけました。どうか私《わたし》を外国《がいこく》との取引《とりひき》に使《つか》ってもらえませんか
シュリーマンは上司《じょうし》に相談《そうだん》しました
ばかもの!!
おまえなんかが六《ろっ》カ国語《こくご》もマスターできるはずがない
ほらばかり吹《ふ》きやがって
いえ、本当《ほんとう》なんです

そんなことより、ほら、これを配達《はいたつ》してこい
上司《じょうし》は全《まった》く相手《あいて》にしてくれませんでした
こんなことぐらいでシュリーマンは、あきらめません
目《め》の前《まえ》の人間《にんげん》が、認《みと》めてくれなくても、自分《じぶん》の努力《どりょく》が無《む》になったわけではない。
この会社《かいしゃ》が、自分《じぶん》と合《あ》わないだけだ
彼《かれ》は、会社《かいしゃ》を辞《や》めました。自分《じぶん》の道《みち》を、自分《じぶん》で切《き》り開《ひら》くために！

シュリーマンの語学力《ごがくりょく》を認《みと》めてくれる会社《かいしゃ》が見《み》つかりました
二十二歳《にじゅうにさい》で、シュレーダー商会《しょうかい》に転職《てんしょく》したのです

この会社《かいしゃ》は、彼《かれ》の熱心《ねっしん》な仕事《しごと》ぶりを評価《ひょうか》し、給料《きゅうりょう》をアップしてくれました
これくらいで満足《まんぞく》してはいけない。もっと自分《じぶん》にできることはないだろうか

この会社《かいしゃ》はロシアとの取引《とりひき》が多《おお》い。それなのに、ロシア語《ご》ができる人《ひと》がいない……
ロシア語《ご》をマスターすれば、この会社《かいしゃ》に、なくてはならない存在《そんざい》になれるぞ
よし、勉強《べんきょう》を始《はじ》めよう！
しかし、当時《とうじ》のアムステルダムには、ロシア語《ご》を話《はな》せる人《ひと》がほとんどいませんでした
勉強《べんきょう》したいと思《おも》っても、教《おし》えてくれる人《ひと》がいないのです
書店《しょてん》にも、ロシア語《ご》の教科書《きょうかしょ》がないな……
誰《だれ》もが、不可能《ふかのう》だと思《おも》って、あきらめていたのでした

シュリーマンは、古本屋《ふるほんや》を回《まわ》って、ようやく、ロシア語《ご》の文法書《ぶんぽうしょ》、辞書《じしょ》、小説《しょうせつ》を手《て》に入《い》れることができました
ロシア語《ご》の先生《せんせい》がいなければ、一人《ひとり》で学《まな》ぶしかない
小説《しょうせつ》は丸暗記《まるあんき》しよう
毎晩《まいばん》、大声《おおごえ》で朗読《ろうどく》を続《つづ》けました
Здравствуйте
идания
ドン
うるさいぞ！
静《しず》かにしろ！
ドン
アパートの住人《じゅうにん》から苦情《くじょう》が出《で》て、二度《にど》も引《ひ》っ越《こ》しました

しかし、六週間後《ろくしゅうかんご》には、ロシアの商人《しょうにん》と、すらすらと話《はな》せるようになったのです
シュレーダー商会《しょうかい》の幹部《かんぶ》は、非常《ひじょう》に驚《おどろ》きました
君《きみ》には、ロシア商人《しょうにん》との応対《おうたい》を任《まか》せるよ
すぐに始《はじ》めてくれ
はい、お任《まか》せください
二年後《にねんご》には、わずか二十四歳《にじゅうよんさい》のシュリーマンが会社《かいしゃ》の代理人《だいりにん》としてロシアへ派遣《はけん》されることになったのです

シュリーマンは、最初《さいしょ》の数《すう》カ月《げつ》で、予想《よそう》の何倍《なんばい》もの成果《せいか》をあげました
その結果《けっか》、会社《かいしゃ》から独立《どくりつ》し、一人《ひとり》の商人《しょうにん》として活動《かつどう》することを認《みと》められたのです
シュリーマンは、木材《もくざい》から茶《ちゃ》まで、あらゆる商品《しょうひん》を扱《あつか》い、次々《つぎつぎ》と成功《せいこう》を収《おさ》めていきました
財産《ざいさん》も、倍《ばい》、倍《ばい》、倍《ばい》と増《ふ》えていき、一年後《いちねんご》には、ロシアの大商人《だいしょうにん》として、その名《な》を知《し》られるようになったのです
全《すべ》てが順調《じゅんちょう》だったわけではありません。夜《よる》も眠《ねむ》れないほど、悩《なや》む日《ひ》も多《おお》くありました
しかし、シュリーマンは、外国語《がいこくご》をマスターした時《とき》と同《おな》じように、必死《ひっし》に努力《どりょく》して困難《こんなん》を乗《の》り越《こ》えていきました。四十歳《よんじっさい》を過《す》ぎた頃《ころ》には、彼《かれ》が二十年前《にじゅうねんまえ》に決意《けつい》したとおり、億万長者《おくまんちょうじゃ》になっていたのです

ここで、彼《かれ》が商売《しょうばい》を続《つづ》けていれば、ただの大金持《おおがねも》ちで終《お》わり、歴史《れきし》に名《な》を残《のこ》すこともありませんでした
いよいよ、子供《こども》の時《とき》から抱《いだ》き続《つづ》けてきた夢《ゆめ》を実現《じつげん》させる時《とき》が来《き》た！
トロイを発掘《はっくつ》するぞ
シュリーマンは、「夢《ゆめ》をかなえるため」と言《い》って、いさぎよく、商売《しょうばい》を辞《や》めてしまいました
ザザ
ザザァ
しばらく世界旅行《せかいりょこう》をし、江戸時代《えどじだい》の終《お》わりに日本《にほん》へも立《た》ち寄《よ》っています

＊エーゲ海《かい》……ギリシャとトルコに囲《かこ》まれた海域《かいいき》。

＊ヒッサリクの丘《おか》……トルコ西部《せいぶ》のダーダネルス海峡近《かいきょうちか》くにあります。

この時《とき》、シュリーマン四十九歳《よんじゅうきゅうさい》
幼《おさな》い日《ひ》に夢《ゆめ》を抱《いだ》いてから、四十二年後《よんじゅうにねんご》のことでした
東西約二百《とうざいやくにひゃく》メートル、南北約百五十《なんぼくやくひゃくごじゅう》メートルの丘《おか》を、一日《いちにち》に百人以上《ひゃくにんいじょう》の労働者《ろうどうしゃ》を雇《やと》って掘《ほ》っていきました
その人件費《じんけんひ》だけでも、莫大《ばくだい》な金額《きんがく》になります
灼熱《しゃくねつ》の太陽《たいよう》と闘《たたか》いながら、シュリーマンの心《こころ》は燃《も》えていました
地中《ちちゅう》、深《ふか》く掘《ほ》っていくと、三千年以上《さんぜんねんいじょう》も前《まえ》の、巨大《きょだい》な城壁《じょうへき》、城門《じょうもん》などが、次々《つぎつぎ》に姿《すがた》を現《あらわ》してきたのです

シュリーマンの波乱《はらん》の人生《じんせい》と発掘《はっくつ》への情熱《じょうねつ》は、「夢《ゆめ》を掘《ほ》り当《あ》てた人《ひと》」として、多《おお》くの人に感動《かんどう》を与《あた》え続《つづ》けています
やったぞ!!

彼《かれ》は、一生《いっしょう》を振《ふ》り返《かえ》り、こう言《い》っています
私《わたし》の、生涯《しょうがい》をかけた大目的《だいもくてき》が、トロイの発掘《はっくつ》だった。その目的《もくてき》を達成《たっせい》するためには、お金《かね》が必要《ひつよう》だった。財産《ざいさん》が欲《ほ》しくて、商売《しょうばい》をしたのではない

夢《ゆめ》に向《む》かって生《い》きている人《ひと》は、幸《しあわ》せな人《ひと》です

大《たい》切《せつ》な心《こころ》

夢《ゆめ》を持《も》って、生《い》きる

これから大人《おとな》になるまでに、苦《くる》しいことが、たくさんやってくると思《おも》います。でも、そんな時《とき》、決《けっ》して、自殺《じさつ》を考《かんが》えてはいけませんよ。

シュリーマンの一生《いっしょう》を思《おも》い出《だ》してみてください。子供《こども》の時《とき》に、母親《ははおや》が亡《な》くなります。父親《ちちおや》が仕事《しごと》に失敗《しっぱい》したので、家《いえ》にお金《かね》がなくなりました。

彼《かれ》は学校《がっこう》にも行《い》けず、朝《あさ》から夜遅《よるおそ》くまで働《はたら》きました。しかし、働《はたら》きすぎて病気《びょうき》になり、仕事《しごと》を辞《や》めさせられてしまいます。ようやく船《ふね》に乗《の》る仕事《しごと》を見《み》つけたのに、今度《こんど》は嵐《あらし》にあって船《ふね》が沈没《ちんぼつ》してしまったのです。

苦《くる》しいことが、次《つぎ》から次《つぎ》へとやってきたのです。シュリーマンは、どれだけ一人《ひとり》で泣《な》いたかしれません。でも、彼《かれ》は生《い》きたのです。自殺《じさつ》せずに、がんばったのです。そこが偉《えら》いと思《おも》います。

「トロイを発掘《はっくつ》したい！」という夢《ゆめ》に向《む》かって、コツコツと英語《えいご》の勉強《べんきょう》を始《はじ》めます。フランス語《ご》、ポルトガル語《ご》、ロシア語《ご》……とマスターしていきました。

この努力《どりょく》を続《つづ》けたからこそ、どん底《ぞこ》から抜《ぬ》け出《だ》し、商人《しょうにん》として大成功《だいせいこう》するチャンスに恵《めぐ》まれたのです。シュリーマンが億万長者《おくまんちょうじゃ》になるなんて、誰《だれ》が予想《よそう》したでしょうか。

夢《ゆめ》に向《む》かって、コツコツと努力《どりょく》を続《つづ》けていけば、必《かなら》ず、想像以上《そうぞういじょう》の素晴《すば》らしいことが起《お》きるのです。

命《いのち》を大切《たいせつ》にして、夢《ゆめ》に向《む》かって、生《い》きていきましょう。

ものしりアルバム

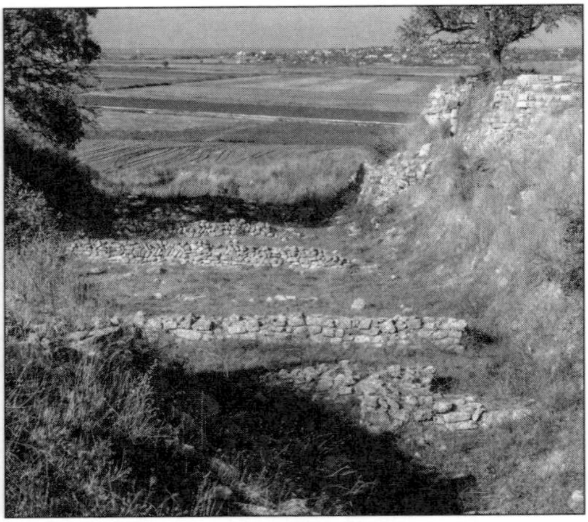

シュリーマンが最初《さいしょ》に発掘《はっくつ》した部分《ぶぶん》は、「シュリーマン・トレンチ」と呼《よ》ばれています。

シュリーマン

（アマナイメージズ）

伝説《でんせつ》と思《おも》われていたトロイは、実際《じっさい》に大《おお》きな城跡《しろあと》が見《み》つかり、シュリーマンの死後《しご》も長《なが》く調査《ちょうさ》が続《つづ》けられています。

（Tatiana Popova/Shutterstock.com）

第《だい》2話《わ》

利益《りえき》を得《え》ようとするな。人《ひと》を救《すく》うことだけを考《かんが》えよ

医者《いしゃ》の心得《こころえ》を高《たか》く掲《かか》げた緒方洪庵《おがたこうあん》

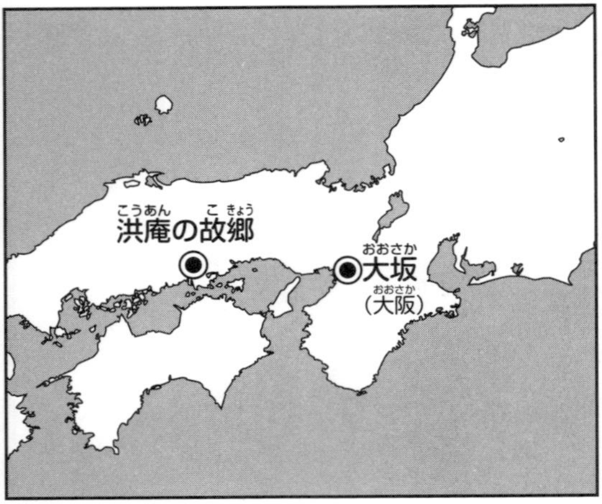

緒方洪庵《おがたこうあん》
(1810年生-1863年没)

人物紹介《じんぶつしょうかい》

緒方 洪庵(おがた こうあん)

緒方洪庵《おがたこうあん》は、江戸時代《えどじだい》の終《お》わりに、大坂《おおさか》で活躍《かつやく》した医《い》者《しゃ》です。

ただの医者《いしゃ》ではありません。オランダ語《ご》で書《か》かれた西《せい》洋《よう》の最先端《さいせんたん》の医学書《いがくしょ》を次々《つぎつぎ》に翻訳《ほんやく》し、日本《にほん》の医療《いりょう》に大《おお》きな影響《えいきょう》を与《あた》えた大学者《だいがくしゃ》です。

洪庵《こうあん》は、教育《きょういく》にも力《ちから》を入《い》れました。大坂《おおさか》に私立《しりつ》の学校《がっこう》「適塾《てきじゅく》」を設立《せつりつ》し、身分《みぶん》に関係《かんけい》なく、門戸《もんこ》を開《ひら》いたのです。全国《ぜんこく》から優秀《ゆうしゅう》な若者《わかもの》が集《あつ》まり、熱烈《ねつれつ》に競《きそ》い合《あ》って勉《べん》強《きょう》に励《はげ》んでいました。

日本《にほん》は、江戸末期《えどまっき》から明治《めいじ》にかけて、国《くに》の中《なか》が大混乱《だいこんらん》に陥《おちい》ります。そんな中《なか》、洪庵《こうあん》から教《おし》えを受《う》けた若者《わかもの》たちは、各分野《かくぶんや》で重要《じゅうよう》な働《はたら》きをする人材《じんざい》に育《そだ》っていきました。

現在《げんざい》の大阪大学《おおさかだいがく》は、この「適塾《てきじゅく》」の流《なが》れをくんでいます。

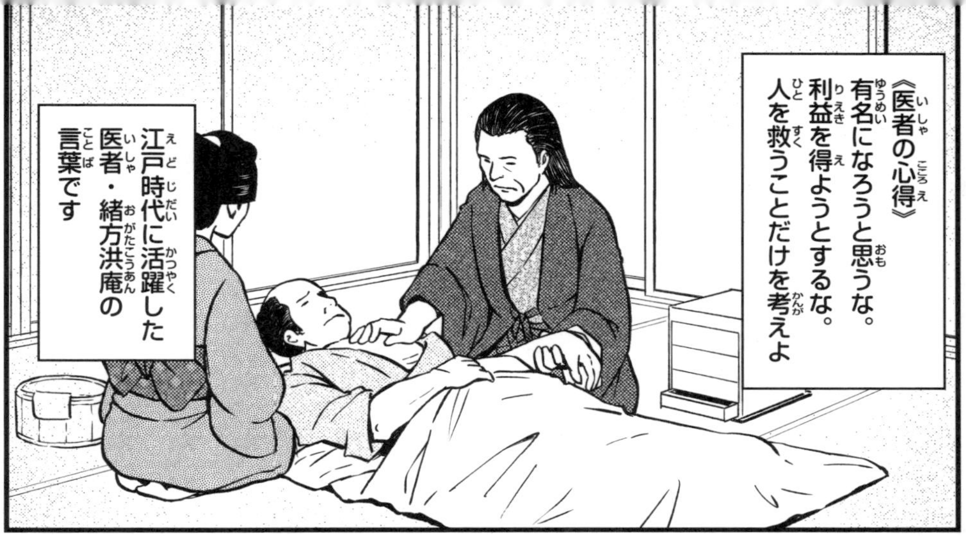
《医者《いしゃ》の心得《こころえ》》
有名《ゆうめい》になろうと思《おも》うな。
利益《りえき》を得《え》ようとするな。
人《ひと》を救《すく》うことだけを考《かんが》えよ
江戸時代《えどじだい》に活躍《かつやく》した
医者《いしゃ》・緒方洪庵《おがたこうあん》の
言葉《ことば》です

洪庵《こうあん》は、大坂《おおさか》＊に住《す》む町人相手《ちょうにんあいて》
の医者《いしゃ》でありながら、学者《がくしゃ》、
教育者《きょういくしゃ》としても有名《ゆうめい》な人《ひと》でした

＊大坂……現在の大阪。

洪庵《こうあん》は、備中国《びっちゅうのくに》*の武士《ぶし》の家《いえ》に生《う》まれました
十三歳《じゅうさんさい》の時《とき》に、恐《おそ》ろしい伝染病《でんせんびょう》「コレラ」*が、日本《にほん》で初《はじ》めて、大流行《だいりゅうこう》します
文政五年《ぶんせいごねん》（一八二二）のことでした
コレラは、九州《きゅうしゅう》から中国地方《ちゅうごくちほう》、大坂《おおさか》へと広《ひろ》がっていきました
あっという間《ま》に、多《おお》くの人《ひと》が死《し》んでいく……

＊備中国《びっちゅうのくに》……現在《げんざい》の岡山県西部《おかやまけんせいぶ》。

＊コレラ……コレラ菌《きん》の感染《かんせん》による急性伝染病《きゅうせいでんせんびょう》。激《はげ》しい下痢《げり》と嘔吐《おうと》を起《お》こします。

当時《とうじ》の日本《にほん》の医者《いしゃ》は、コレラを防《ふせ》ぐことも、治《なお》すこともできませんでした
コレラに感染《かんせん》した人《ひと》は、三日《みっか》もたたないうちに、コロリと死《し》んでしまうので、「三日《みっか》コロリ」とも呼《よ》ばれていました
全国《ぜんこく》で十数万人《じゅうすうまんにん》が亡《な》くなったといわれています
日本《にほん》の医学《いがく》は、なんと、無力《むりょく》なのか！
洪庵《こうあん》は、苦《くる》しんでいる人《ひと》を見《み》て、決意《けつい》しました
人《ひと》の命《いのち》を守《まも》るために、西洋医学《せいよういがく》を学《まな》びたい

父上《ちちうえ》。私《わたし》は医者《いしゃ》になりたいのです
馬鹿者《ばかもの》！武士《ぶし》の子《こ》は、武士《ぶし》であるべきだ！
父《ちち》は許《ゆる》しませんでした
しかし、十七歳《じゅうななさい》になった洪庵《こうあん》は、医学《いがく》を学《まな》ぶために大坂《おおさか》へ向《む》かったのです
洪庵《こうあん》は、自分《じぶん》の気持《きも》ちを手紙《てがみ》に書《か》いて、両親《りょうしん》へ送《おく》りました
父上《ちちうえ》から深《ふか》い恩《おん》を受《う》けながら、今日《こんにち》まで少《すこ》しも報《むく》いることができず、不孝《ふこう》の限《かぎ》りを尽《つ》くしております。申《もう》し訳《わけ》ありませんが、私《わたし》は武士《ぶし》には向《む》きません。医学《いがく》を学《まな》びたいのです。

どんな人《ひと》でも、
病気《びょうき》の前《まえ》では無力《むりょく》です。
多《おお》くの人々《ひとびと》を助《たす》けるためには、
医学《いがく》を研究《けんきゅう》しなければ
ならないのです。
自《みずか》ら信《しん》じる道《みち》へ突《つ》き進《すす》むと、
大恩《だいおん》ある父上《ちちうえ》、母上《ははうえ》に孝行《こうこう》を
尽《つ》くせなくなるのではないかと恐《おそ》れ、
今日《きょう》まで実行《じっこう》できませんでした。
長《なが》い間《あいだ》、迷《まよ》いました。
しかし、平々凡々《へいへいぼんぼん》と生《い》きることが
孝行《こうこう》になるとは思《おも》えません。
私《わたし》は決意《けつい》しました。
医師《いし》を目指《めざ》し、一生懸命《いっしょうけんめい》勉強《べんきょう》します。
私《わたし》の志《こころざし》をご理解《りかい》ください。
どうか伏《ふ》してお願《ねが》い申《もう》し上《あ》げます。
……
この熱意《ねつい》と誠意《せいい》に、父《ちち》の心《こころ》も動《うご》かされ
医者《いしゃ》になることを許《ゆる》したのです

当時《とうじ》の日本《にほん》は、西洋《せいよう》の学問《がくもん》や文化《ぶんか》を、オランダから輸入《ゆにゅう》していました
洪庵《こうあん》は、まず、オランダ語《ご》の勉強《べんきょう》を始《はじ》めました
そして、西洋《せいよう》の医学書《いがくしょ》を、次々《つぎつぎ》に日本語《にほんご》へ翻訳《ほんやく》していったのです
最新《さいしん》の医学知識《いがくちしき》を身《み》につけなければならない
洪庵《こうあん》は、十二年間《じゅうにねんかん》も猛勉強《もうべんきょう》と研究《けんきゅう》を続《つづ》け、ついに、大坂《おおさか》で医者《いしゃ》になったのです
洪庵先生《こうあんせんせい》！また三日《みっか》コロリだ！

その後《ご》、再《ふたた》び、コレラが大流行《だいりゅうこう》しましたが、洪庵《こうあん》は、すかさず手《て》を打《う》ちました
コレラの治療方法《ちりょうほうほう》を解説《かいせつ》した本《ほん》を出版《しゅっぱん》し、日本各地《にほんかくち》の医者《いしゃ》へ提供《ていきょう》したのです
また、当時《とうじ》は、天然痘《てんねんとう》（疱瘡《ほうそう》）*で命《いのち》を落《お》とす子供《こども》が多《おお》くいました
子供《こども》が天然痘《てんねんとう》にかかると――
四人《よにん》のうち三人《さんにん》が死《し》ぬ……

恐《おそ》ろしい病《やまい》だ
何《なん》とかならないんですか
子供《こども》に、ワクチンを接種《せっしゅ》すれば、予防《よぼう》することができます。
エドワード・ジェンナー*が作《つく》り出《だ》したワクチンが最《もっと》も効果《こうか》があります

*天然痘（疱瘡）……天然痘ウイルスの感染による悪性の伝染病。高熱と、全身に小水疱が出て死亡することが多く、治ってもあばたが残ります。

*エドワード・ジェンナー……一七四九年生～一八二三年没。免疫学《めんえきがく》の父《ちち》とされているイギリスの医師《いし》。

洪庵《こうあん》は、天然痘予防《てんねんとうよぼう》のためのワクチンを苦労《くろう》の末《すえ》に取《と》り寄《よ》せました
エドワード・ジェンナー
子供《こども》の命《いのち》を救《すく》うために、天然痘《てんねんとう》の予防接種《よぼうせっしゅ》を日本中《にほんじゅう》へ広《ひろ》めることに、全力《ぜんりょく》を尽《つ》くしたのです
伝染病《でんせんびょう》の予防接種《よぼうせっしゅ》は、現在《げんざい》では、学校《がっこう》や職場《しょくば》で、当《あ》たり前《まえ》のように行《おこな》われています。しかし当時《とうじ》は、まだ一般《いっぱん》の人《ひと》には知《し》られていませんでした
よし、これで天然痘《てんねんとう》にかからなくなるぞ！
しかし、「あのワクチンは、牛《うし》から作《つく》ったそうだ」と誤解《ごかい》して、非難《ひなん》する人《ひと》が多《おお》かったのです
あのワクチンを打《う》ったら、牛《うし》になるぞ！

牛《うし》になって、ツノが生《は》えるぞ！
ひゃあ、恐《おそ》ろしや恐《おそ》ろしや
わが子《こ》を、そんな目《め》にあわせられますか
外国《がいこく》のやり方《かた》が、わしらに合《あ》うもんか
皆《みな》さん、そんなことはありません。
このワクチンを接種《せっしゅ》したら、天然痘《てんねんとう》にかからなくなるのですよ
うそだ！
まやかしだ!!
洪庵《こうあん》は、子供《こども》の命《いのち》を守《まも》るために、何《なん》とか予防接種《よぼうせっしゅ》をさせてほしいと親《おや》に、頼《たの》んで回《まわ》ったほどです
洪庵《こうあん》は、「『ワクチンは効果《こうか》がないだけではなく、子供《こども》の体《からだ》に害《がい》がある』と言《い》う親《おや》ばかりで、これを信《しん》じる者《もの》は一人《ひとり》もいなかった」と書《か》き残《のこ》しています

予防接種《よぼうせっしゅ》が軌道《きどう》に乗《の》るまでには、涙《なみだ》ぐましい努力《どりょく》が続《つづ》いたのです
安政五年《あんせいごねん》（一八五八）、天然痘《てんねんとう》の予防接種《よぼうせっしゅ》が幕府《ばくふ》によって正式《せいしき》に認《みと》められ、全国《ぜんこく》に広《ひろ》まっていきました
医者《いしゃ》がこの世《よ》に存在《そんざい》しているのは、ひとえに人《ひと》のためであり、自分自身《じぶんじしん》のためではない
有名《ゆうめい》になろうと思《おも》うな。利益《りえき》を得《え》ようとするな。人《ひと》を救《すく》うことだけを考《かんが》えよ
洪庵《こうあん》が、一人《ひとり》の医師《いし》として、生涯《しょうがい》にわたって貫《つらぬ》いた精神《せいしん》でした

大《たい》切《せつ》な心《こころ》

人《ひと》を救《すく》うことだけを考《かんが》えよ

緒方洪庵《おがたこうあん》が示《しめ》した医者《いしゃ》の心得《こころえ》を解説《かいせつ》してみましょう。

「有名《ゆうめい》になろうと思《おも》うな」

自分《じぶん》が有名《ゆうめい》になりたいと思《おも》ってはいけません。周《まわ》りの人《ひと》から、褒《ほ》めてもらいたいと思《おも》ってはいけません。ただ、苦《くる》しんでいる人《ひと》を救《すく》いたい、という気持《きも》ちだけを持《も》ちなさい。

「利益《りえき》を得《え》ようとするな」

お金《かね》を儲《もう》けようと思《おも》ってはいけません。相手《あいて》から、何《なに》かをもらおうと思《おも》ってはいけません。ただ、苦《くる》しんでいる人《ひと》を救《すく》いたい、という気持《きも》ちだけを持《も》ちなさい。

「人《ひと》を救《すく》うことだけを考《かんが》えよ」

尊《とうと》い命《いのち》を守《まも》りたい、苦《くる》しんでいる人《ひと》を救《すく》いたい、ということだけを考《かんが》えなさい。自分《じぶん》の名誉《めいよ》や利益《りえき》を気《き》にする心《こころ》があると、医者《いしゃ》としての使命《しめい》を果《は》たせなくなる。

◆　◆

緒方洪庵《おがたこうあん》は、自分《じぶん》の名誉《めいよ》や利益《りえき》のためではなく、人《ひと》を救《すく》うことだけを考《かんが》えて、伝染病《でんせんびょう》の治療《ちりょう》に全力《ぜんりょく》を尽《つ》くしたからこそ、歴史《れきし》に名前《なまえ》が残《のこ》る偉人《いじん》となったのです。

これは、医者《いしゃ》だけに必要《ひつよう》な心得《こころえ》ではありません。将来《しょうらい》、どんな仕事《しごと》についても、同《おな》じ気持《きも》ちが必《ひつ》要《よう》だと思《おも》います。

ひたすら人《ひと》のため、相手《あいて》のためを思《おも》って行動《こうどう》する人《ひと》は、多《おお》くの人《ひと》から信頼《しんらい》され、尊敬《そんけい》される存在《そんざい》になっていきます。

第《だい》3話《わ》

学《まな》んだことは、すぐに実行《じっこう》する

適塾《てきじゅく》の優等生《ゆうとうせい》、橋本左内《はしもとさない》が深夜《しんや》にしたこと

教育者《きょういくしゃ》としても有名《ゆうめい》な
緒方洪庵《おがたこうあん》は、大坂《おおさか》に、
私立《しりつ》の学校《がっこう》「適塾《てきじゅく》」を
設立《せつりつ》し、若者《わかもの》の教育《きょういく》に
情熱《じょうねつ》を注《そそ》ぎました
緒方洪庵《おがたこうあん》
江戸時代《えどじだい》には厳《きび》しい身分差別《みぶんさべつ》が
ありましたが、この塾《じゅく》は平等《びょうどう》でした

適塾《てきじゅく》は、能力主義《のうりょくしゅぎ》でした
身分《みぶん》に関係《かんけい》なく、一生懸命《いっしょうけんめい》に勉強《べんきょう》すればするほど、認《みと》められ、評価《ひょうか》される仕組《しく》みになっていたのです

よいか。医学《いがく》を志《こころざ》す者《もの》にとって、必《かなら》ず守《まも》らなければならない心構《こころがま》えを示《しめ》そう
洪庵《こうあん》は、十二《じゅうに》カ条《じょう》の戒《いまし》めを与《あた》えました。その精神《せいしん》は、最初《さいしょ》の三《さん》カ条《じょう》に、全《すべ》て込《こ》められています

一《ひとつ》、医者《いしゃ》がこの世《よ》に存在《そんざい》しているのは、
ひとえに人《ひと》のためであり、
自分自身《じぶんじしん》のためではない。
有名《ゆうめい》になろうと思《おも》うな。
利益《りえき》を得《え》ようとするな。
人《ひと》を救《すく》うことだけを考《かんが》えよ。

一《ひとつ》、病人《びょうにん》に向《む》かったならば、
ただ一人《ひとり》の患者《かんじゃ》として見《み》よ。
金《かね》を持《も》っているかどうかで
患者《かんじゃ》を差別《さべつ》してはならない。

一《ひとつ》、医術《いじゅつ》は、患者《かんじゃ》のために施《ほどこ》すものであって、
決《けっ》して患者《かんじゃ》を実験台《じっけんだい》にしてはならない。

医者《いしゃ》としての心構《こころがま》えがこのように、ハッキリと定《さだ》められていたのです
この適塾《てきじゅく》の学生《がくせい》に橋本左内《はしもとさない》＊がいました
橋本左内《はしもとさない》
福井藩《ふくいはん》に仕《つか》える医者《いしゃ》の家《いえ》に生《う》まれましたが、医者《いしゃ》になることを嫌《きら》っていました
しかし、父上《ちちうえ》の期待《きたい》を裏切《うらぎ》ることはできない
親孝行《おやこうこう》の気持《きも》ちが強《つよ》い左内《さない》は、十六歳《じゅうろくさい》で適塾《てきじゅく》に入門《にゅうもん》。医学《いがく》の習得《しゅうとく》に励《はげ》んでいました

＊橋本左内《はしもとさない》……一八三四年生～一八五九年没。

左内《さない》は大坂《おおさか》*で学《まな》んだことを
福井《ふくい》の父《ちち》に手紙《てがみ》で知《し》らせて
いました
適塾《てきじゅく》の中《なか》で、年《とし》の若《わか》い
左内《さない》が、ぐんぐん頭角《とうかく》を
現《あらわ》していきます
師匠《ししょう》の洪庵《こうあん》も、
彼《かれ》の将来《しょうらい》に大《おお》きな期待《きたい》を
寄《よ》せていました
カァ
カァ
ところが――
うぁ〜っ
今日《きょう》は
ここまでだな
おい、左内《さない》、
どこへ
行《い》くんだ?

*大坂《おおさか》……現在《げんざい》の大阪《おおさか》。

……
何《なん》でえ
あいつ、最近《さいきん》日《ひ》が暮《く》れると出掛《でか》けるようになったな
そして、夜遅《よるおそ》くに帰《かえ》ってくるんだ
へへっ、それは夜遊《よあそ》びでも覚《おぼ》えたんじゃないか？
まじめに勉学《べんがく》に打《う》ち込《こ》んでいると思《おも》っていたのに……

おはようございます
おい、昨夜《さくや》は、どこで楽《たの》しんできたんだい？
わはははは
……
からかわれても何《なに》も言《い》い訳《わけ》をせず、左内《さない》は、また夜《よる》になると町《まち》へ出《で》ていきました
このことが師匠《ししょう》の耳《みみ》にまで入《はい》ったのです
心配《しんぱい》じゃ……
しかし、あの左内《さない》が夜遊《よあそ》びしているとは思《おも》えない

これ、そっと後《あと》を追《お》って調《しら》べてくれないか
すると……
意外《いがい》にも左内《さない》は、天満橋《てんまばし》＊の下《した》へ入《はい》っていきました
そこには、住《す》まいも、お金《かね》もない人々《ひとびと》が寄《よ》り集《あつ》まって暮《く》らしていました
不潔《ふけつ》だといって、誰《だれ》も近《ちか》づこうとはしない所《ところ》です
左内《さない》は、そんなことを全《まった》く気《き》にせず、ボロボロの服《ふく》を着《き》ている人《ひと》たちを丁寧《ていねい》に診察《しんさつ》し、薬《くすり》を与《あた》えていたのでした

＊天満橋《てんまばし》……大川《おおかわ》に架《か》かり、現在《げんざい》も大阪市《おおさかし》中央区《ちゅうおうく》と北区《きたく》を結《むす》んでいる橋《はし》。

左内《さない》は、ここで、どれだけ
多《おお》くの人々《ひとびと》の苦《くる》しみを除《のぞ》き、
命《いのち》を救《すく》ったかしれません
そうであったか……
報告《ほうこく》を受《う》けた洪庵《こうあん》は、
翌朝《よくあさ》、塾生《じゅくせい》を一堂《いちどう》に
集《あつ》めました
おまえたちは、左内《さない》を見習《みなら》うがよい。
以後《いご》、無責任《むせきにん》な告《つ》げ口《ぐち》をしてはならないぞ
詳《くわ》しい事情《じじょう》を語《かた》らず、
これだけを言《い》い渡《わた》したのです

？
塾生《じゅくせい》たちは、事《こと》の真相《しんそう》を知《し》ると、左内《さない》を尊敬《そんけい》するようになりました
左内《さない》は、洪庵《こうあん》が示《しめ》した医者《いしゃ》としての教《おし》えを守《まも》り、「医《い》は仁術《じんじゅつ》」を実践《じっせん》しようとしていたのです
このような適塾《てきじゅく》の出身者《しゅっしんしゃ》には、明治二年《めいじにねん》（一八六九）の五稜郭《ごりょうかく》の戦《たたか》い*で敵味方《てきみかた》の区別《くべつ》なく負傷者《ふしょうしゃ》の手当《てあ》てをした高松凌雲《たかまつりょううん》や、日本赤十字社《にほんせきじゅうじしゃ》*を創設《そうせつ》した佐野常民《さのつねたみ》などがいます
佐野常民《さのつねたみ》
高松凌雲《たかまつりょううん》

*五稜郭《ごりょうかく》の戦《たたか》い……北海道《ほっかいどう》の五稜郭《ごりょうかく》に立《た》てこもった旧幕府軍《きゅうばくふぐん》と、明治政府軍《めいじせいふぐん》との最後《さいご》の戦《たたか》い。箱館戦争《はこだてせんそう》ともいいます。

*日本赤十字社《にほんせきじゅうじしゃ》……戦争《せんそう》の傷病者《しょうびょうしゃ》の救護《きゅうご》や、国民《こくみん》の医療《いりょう》を目的《もくてき》とする民間組織《みんかんそしき》。

「適塾《てきじゅく》」には
「自《みずか》らの意思《いし》の赴《おもむ》くままに生《い》きる」
という意味合《いみあ》いがあります
洪庵《こうあん》から学《まな》んだ人《ひと》の中《なか》には、
慶應義塾《けいおうぎじゅく》を創立《そうりつ》した福沢諭吉《ふくざわゆきち》、
明治陸軍《めいじりくぐん》を築《きず》いた大村益次郎《おおむらますじろう》
など、医学以外《いがくいがい》の分野《ぶんや》で活躍《かつやく》
した人《ひと》も多《おお》くありました

「適塾《てきじゅく》」は、明治政府《めいじせいふ》の教育制度《きょういくせいど》
のもとで、大阪医学校《おおさかいがっこう》、府立医科《ふりついか》
大学《だいがく》、さらに大阪大学《おおさかだいがく》へと発展《はってん》し、
今日《こんにち》に至《いた》っています
人《ひと》の命《いのち》を守《まも》る医者《いしゃ》になりたいと、
自《みずか》ら信《しん》じる道《みち》を突《つ》き進《すす》んだ
青年《せいねん》・洪庵《こうあん》の志《こころざし》が、近代日本《きんだいにほん》の
礎《いしずえ》を築《きず》いていったのです

大《たい》切《せつ》な心《こころ》

分《わ》かったら、すぐに実行《じっこう》する

緒方洪庵先生《おがたこうあんせんせい》は、

「おまえたちも、橋本左内《はしもとさない》を見習《みなら》いなさい」

と言《い》いました。左内《さない》の行動《こうどう》の、どこがりっぱだったのでしょうか。

適塾《てきじゅく》には、全国《ぜんこく》から優秀《ゆうしゅう》な若者《わかもの》が集《あつ》まり、勉強《べんきょう》に励《はげ》んでいました。

●有名《ゆうめい》になろうと思《おも》うな
●利益《りえき》を得《え》ようとするな
●人《ひと》を救《すく》うことだけを考《かんが》えよ

この医者《いしゃ》の心得《こころえ》は、毎日《まいにち》のように、先生《せんせい》から聞《き》かされていたはずです。皆《みな》、頭《あたま》では、よく分《わ》かっていました。

橋本左内《はしもとさない》が、他《た》の塾生《じゅくせい》と全《まった》く違《ちが》うところは、授業《じゅぎょう》が終《お》わると、橋《はし》の下《した》へ向《む》かい、苦《くる》しんでいる人《ひと》を診察《しんさつ》し、薬《くすり》を与《あた》えたことです。すぐに体《からだ》で実行《じっこう》したところが、左内《さない》の偉《えら》いところです。

頭《あたま》で知《し》っただけで、実行《じっこう》しないのは、分《わ》かっていないのと同《おな》じなのです。

私《わたし》たちも、「親切《しんせつ》は大切《たいせつ》なことですよ」と教《おし》えられ、よく分《わ》かっているつもりです。でも、バスの中《なか》で、立《た》っているお年寄《としよ》りに席《せき》を譲《ゆず》ろうとしても、つい、恥《は》ずかしくて声《こえ》に出《だ》せないことがあります。それでは、本当《ほんとう》に親切《しんせつ》の大切《たいせつ》さが分《わ》かっているとはいえません。

勇気《ゆうき》を出《だ》して、人《ひと》のためになることを実行《じっこう》していきましょう。

ものしりアルバム

緒方洪庵使用《おがたこうあんしよう》の薬箱《くすりばこ》

緒方洪庵《おがたこうあん》

緒方洪庵《おがたこうあん》が開《ひら》いた適塾《てきじゅく》の建物《たてもの》は、現在《げんざい》でも大阪市内《おおさかしない》に残《のこ》っています。
国《くに》の重要文化財《じゅうようぶんかざい》に指定《してい》されています。

（写真提供：大阪大学適塾記念センター）

第《だい》4話《わ》

何《なに》を言《い》われても気《き》にせず、信《しん》念《ねん》を持《も》って生《い》きる

武《たけ》田《だ》信《しん》玄《げん》と徳《とく》川《がわ》家《いえ》康《やす》の共《きょう》通《つう》した必《ひっ》勝《しょう》法《ほう》

武田信玄《たけだしんげん》

（1521年生-1573年没）

徳川家康《とくがわいえやす》

（1542年生-1616年没）

人物紹介《じんぶつしょうかい》

武田《たけだ》 信玄《しんげん》・徳川《とくがわ》 家康《いえやす》

この話《はなし》では、武田信玄《たけだしんげん》と徳川家康《とくがわいえやす》の、「物《もの》の見方《みかた》・考《かんが》え方《かた》」を紹介《しょうかい》します。

武田信玄《たけだしんげん》は、甲斐国《かいのくに》（現在《げんざい》の山梨県《やまなしけん》）を拠点《きょてん》として大《おお》きく勢力《せいりょく》を伸《の》ばした戦国武将《せんごくぶしょう》です。生涯《しょうがい》に、七十二回《ななじゅうにかい》、戦《たたか》いましたが、そのうち敗北《はいぼく》は、わずか三回《さんかい》。まさに戦《せん》国最強《ごくさいきょう》の軍団《ぐんだん》を作《つく》り上《あ》げました。

徳川家康《とくがわいえやす》は、若《わか》い時《とき》に武田信玄《たけだしんげん》と戦《たたか》い、敗《やぶ》れたことがあります。しかし、信玄《しんげん》が亡《な》くなったあと、着実《ちゃくじつ》に力《ちから》を蓄《たくわ》えていきます。関ヶ原《せきがはら》の戦《たたか》いに勝利《しょうり》して、日本《にほん》の政治《せいじ》の実権《じっけん》を握《にぎ》り、江戸《えど》（現在《げんざい》の東京《とうきょう》）に徳川幕府《とくがわばくふ》を開《ひら》きました。

信玄《しんげん》も家康《いえやす》も、当時《とうじ》の古《ふる》い習慣《しゅうかん》や迷信《めいしん》にはこだわらずに、強《つよ》い信念《しんねん》を持《も》って、未来《みらい》を切《き》り開《ひら》いていった武将《ぶしょう》でした。

＊小笠原長時……一五一四年生〜一五八三年没 戦国武将 信濃国（現在の長野県）の生まれ

＊桔梗ヶ原《ききょうがはら》……現在《げんざい》の長野県塩尻市《ながのけんしおじりし》にあります。

武田信玄《たけだしんげん》
明日《あす》は敵本陣《てきほんじん》に攻《せ》めかけようぞ
殿《との》！
それはおやめくだされ
明日《あす》は「先負《せんぶ》」という縁起《えんぎ》の悪《わる》い日《ひ》でござる
先負《せんぶ》？
先《さき》んずれば、すなわち負《ま》ける
先《さき》に戦《たたか》いをしかけたほうが負《ま》ける日《ひ》です

ははは
それならば、逆《ぎゃく》に、チャンスではないか
相手《あいて》が、吉日《きちじつ》や凶日《きょうじつ》を気《き》にしている男《おとこ》ならば、明日《あす》は、戦《たたか》う元気《げんき》がないはずじゃ
凶日《きょうじつ》でもかまわぬ。出陣《しゅつじん》の支度《したく》をせい
ははっ！
一方《いっぽう》、長時《ながとき》は——
こんな縁起《えんぎ》の悪《わる》い日《ひ》に、武田軍《たけだぐん》が攻《せ》めてくるはずがなかろう
案《あん》の定《じょう》、戦《たたか》いの備《そな》えを怠《おこた》っていました
ワイ
ワイ
ドドドドド

*関ヶ原《せきがはら》の戦《たたか》い……一六〇〇年《ねん》、美濃国《みののくに》（現在《げんざい》の岐阜県《ぎふけん》）関ヶ原《せきがはら》で起《お》こった合戦《かっせん》です。
*石田三成《いしだみつなり》……一五六〇年生～一六〇〇年没。安土桃山時代《あづちももやまじだい》の武将《ぶしょう》。

家康《いえやす》が、大軍《たいぐん》を率《ひき》いて江戸城《えどじょう》を出発《しゅっぱつ》しようとしたのは、九月一日《くがつついたち》でした
ドーン
ドーン
殿《との》、お待《ま》ちくだされ！
今日《きょう》は、縁起《えんぎ》の悪《わる》い日《ひ》でござる。どうか、出陣《しゅつじん》を延期《えんき》してくだされ
出陣《しゅつじん》には、縁起《えんぎ》のよい日《ひ》を選《えら》ぶのが、当時《とうじ》の常識《じょうしき》でした
この戦《たたか》いに勝《か》つか、負《ま》けるかに、徳川家《とくがわけ》の存亡《そんぼう》がかかっています。家臣《かしん》も神経質《しんけいしつ》になっていました
ほう、どんな日《ひ》だ？
「西塞《にしふさ》がり」でござる

家康《いえやす》は、今《いま》、江戸《えど》から大坂《おおさか》へ向《む》かおうとしています。進行方向《しんこうほうこう》は西《にし》——
江戸《えど》
関ヶ原《せきがはら》
大坂《おおさか》
その「西《にし》」が塞《ふさ》がっている、とは、「大《おお》きな障害《しょうがい》がある」「戦《たたか》いに負《ま》ける」という意味《いみ》だと、家臣《かしん》は解釈《かいしゃく》したのです
ははは
西《にし》が塞《ふさ》がっているならば、自分《じぶん》で破《やぶ》ればいい
切《き》り開《ひら》いて進《すす》むまでだ
気《き》にする必要《ひつよう》はない

出陣《しゅつじん》！
家康《いえやす》は、予定《よてい》どおり出発《しゅっぱつ》しました
オオオオ
家康《いえやす》の東軍《とうぐん》は、関ケ原《せきがはら》で西軍《せいぐん》と激突《げきとつ》しました。そして、わずか一日《いちにち》の戦《たたか》いで、勝利《しょうり》を得《え》たのです
家康《いえやす》にとっては、「西塞《にしふさ》がり」の日《ひ》に出陣《しゅつじん》して大勝利《だいしょうり》したのですから、とってもよい日《ひ》だったことになります
もともと、日付《ひづけ》に、「よい日《ひ》」「悪《わる》い日《ひ》」というものはないのです

越前《えちぜん》*の武将《ぶしょう》、朝倉孝景《あさくらたかかげ》*は、十七カ条《じゅうしちじょう》の家訓《かくん》を制定《せいてい》しています。その中《なか》に、次《つぎ》のような一節《いっせつ》があります

合戦《かっせん》に際《さい》し、吉日《きちじつ》を選《えら》んだり、方角《ほうがく》を考《かんが》えたりして、いたずらに時日《じじつ》を遅《おく》らせることは、非常《ひじょう》に無駄《むだ》なことである。いかに吉日《きちじつ》だからといって、大風《おおかぜ》の日《ひ》に船《ふね》を出《だ》したり、大勢《おおぜい》の敵《てき》に一人《ひとり》で向《む》かったりしたのでは、まったく意味《いみ》がない

人間《にんげん》の運命《うんめい》、幸《こう》・不幸《ふこう》は、日《ひ》の善悪《ぜんあく》によって決《き》まるのではありません。自《みずか》らの行為《こうい》の善悪《ぜんあく》によって大《おお》きく変《か》わっていきます

前向《まえむ》きに努力《どりょく》すれば、必《かなら》ず、いい結果《けっか》が現《あらわ》れます。悪《わる》いことをしたり、怠《なま》けたりすると、必《かなら》ず、悪《わる》い結果《けっか》が現《あらわ》れます

自分《じぶん》の未来《みらい》は、自分《じぶん》の努力《どりょく》で切《き》り開《ひら》いていきましょう

*越前《えちぜん》……現在《げんざい》の福井県《ふくいけん》。　*朝倉孝景《あさくらたかかげ》……一四二八年生〜一四八一年没。室町時代《むろまちじだい》の武将《ぶしょう》。敏景《としかげ》ともいいます。

大《たい》切《せつ》な心《こころ》

信念《しんねん》を持《も》って生《い》きる

ちょっとしたことでクヨクヨしたり、誰《だれ》かに何《なに》か言《い》われて落《お》ち込《こ》んだりしたことはありませんか。

自分《じぶん》は自分《じぶん》で、しっかりと信念《しんねん》を持《も》って生《い》きていけばいいのです。

武田信玄《たけだしんげん》は、「明日《あす》は、縁起《えんぎ》が悪《わる》い日《ひ》」と言《い》われても、笑《わら》って気《き》にせず、自分《じぶん》が信《しん》じたとおりに行動《こうどう》して勝利《しょうり》しました。

徳川家康《とくがわいえやす》も、「縁起《えんぎ》が悪《わる》い日《ひ》ならば、自分《じぶん》で切《き》り開《ひら》いて進《すす》めばいい」と語《かた》って突《つ》き進《すす》み、大勝利《だいしょうり》を収《おさ》めました。

やはり、歴史上《れきしじょう》の偉人《いじん》は、すごいですね。

誰《だれ》が、何《なに》を言《い》おうと、根拠《こんきょ》のないこと、意味《いみ》のないことは、さらりと流《なが》しています。

信念《しんねん》を持《も》って、前向《まえむ》きに努力《どりょく》していけば、自分《じぶん》の未来《みらい》を変《か》えていけるのです。

ものしりアルバム

武田《たけだ》信玄《しんげん》／徳川家康《とくがわいえやす》／朝倉孝景《あさくらたかかげ》

朝倉孝景《あさくらたかかげ》は越前国《えちぜんのくに》（現在《げんざい》の福井県《ふくいけん》）一乗谷《いちじょうだに》を拠点《きょてん》とした武将《ぶしょう》でした。現在《げんざい》、一乗谷《いちじょうだに》には、当時《とうじ》の町《まち》の様子《ようす》を復元《ふくげん》した町《まち》屋《や》があります。

関ヶ原合戦図屏風《せきがはらかっせんずびょうぶ》

徳川家康《とくがわいえやす》率《ひき》いる東軍《とうぐん》と、石田三成《いしだみつなり》率《ひき》いる西軍《せいぐん》の、両軍《りょうぐん》合《あ》わせて15万《まん》以上《いじょう》の軍勢《ぐんぜい》が美濃国《みののくに》（現在《げんざい》の岐阜県《ぎふけん》）関ヶ原《せきがはら》で戦《たたか》いました。「天下《てんか》分《わ》け目《め》の戦《たたか》い」とも呼《よ》ばれます。

（岐阜市歴史博物館蔵）

第《だい》5話《わ》

プレゼントされた品《しな》物《もの》は、いつまでも、大《たい》切《せつ》に

五《ご》百《ひゃく》着《ちゃく》の着《き》物《もの》を受《う》け取《と》った美《び》男《だん》子《し》・阿《あ》難《なん》

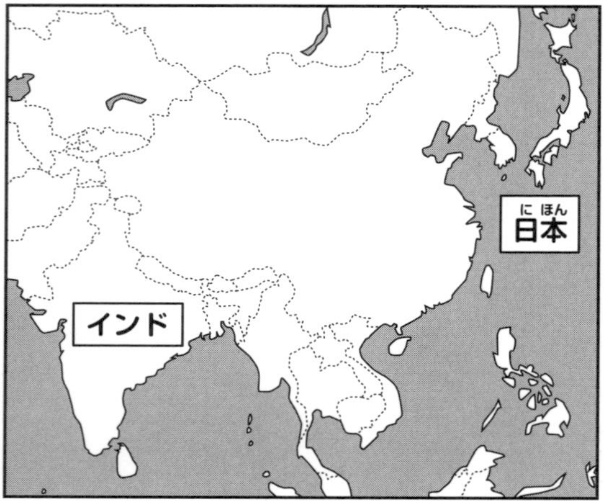

阿難《あなん》

人物紹介《じんぶつしょうかい》

阿難（あなん）

釈迦《しゃか》は、約二千六百年前《やくにせんろっぴゃくねんまえ》、インドで活躍《かつやく》しました。今《こん》日《にち》、釈迦《しゃか》の教《おし》えを「仏教《ぶっきょう》」といいます。

釈迦《しゃか》には、たくさんのお弟子《でし》がいました。その中《なか》でも、美男子《びだんし》で有名《ゆうめい》だったのが、阿難《あなん》です。

食《た》べ物《もの》を残《のこ》したり、まだ着《き》ることができる服《ふく》を捨《す》てたりすると、「もったいない」と言《い》われたことがありませんか。これは単《たん》に、「品物《しなもの》を無駄《むだ》にしてはいけませんよ」という注意《ちゅうい》ではありません。それを作《つく》った人《ひと》、プレゼントしてくださった方《かた》の気持《きも》ちを、大切《たいせつ》に受《う》け取《と》りましょう、という意味《いみ》が込《こ》められているのです。

阿難《あなん》は、ある時《とき》、着物《きもの》を五百着《ごひゃくちゃく》もプレゼントされました。そんなにたくさんの着物《きもの》を、どうしたのでしょうか。

「もったいない」という言葉《ことば》のルーツを探《さぐ》ってみましょう。

ノーベル賞《しょう》を受賞《じゅしょう》した環境保護《かんきょうほご》の活動家《かつどうか》ワンガリ・マータイ＊さんは、日本《にほん》に「もったいない」という考《かんが》え方《かた》があることを知《し》り、感激《かんげき》したといいます
世界《せかい》の共通語《きょうつうご》にしようと積極的《せっきょくてき》でした。国連《こくれん》のある委員会《いいんかい》で、参加者《さんかしゃ》が「モッタイナイ」と唱和《しょうわ》したこともあります

日本語《にほんご》の「もったいない」は、決《けっ》して「出《だ》し惜《お》しみ」とか「けち」という意味《いみ》ではなく、「物《もの》を大切《たいせつ》に使《つか》いましょう」という心《こころ》が込《こ》められています
この心《こころ》は、釈迦《しゃか》とお弟子《でし》の物語《ものがたり》の中《なか》に数多《かずおお》く教《おし》えられています

＊ワンガリ・マータイ……一九四〇年生～二〇一一年没。ケニア出身。二〇〇四年ノーベル平和賞受賞。

約《やく》二《に》千六百年《せんろっぴゃくねん》前《まえ》
釈迦《しゃか》のお弟子《でし》の一人《ひとり》、阿難《あなん》は美男子《びだんし》で有名《ゆうめい》でした
そのうえに優《やさ》しいので、女性《じょせい》の憧《あこが》れの的《まと》だったといいます
阿難様《あなんさま》の説法《せっぽう》があるそうよ
まあ
私《わたし》も聞《き》かせていただきたいわ
私《わたし》も
ちょっと押《お》さないで
ある国《くに》の王様《おうさま》に招《まね》かれて説法《せっぽう》をした時《とき》には、城《しろ》の中《なか》の五百人《ごひゃくにん》の女性《じょせい》が皆集《みなあつ》まって、熱心《ねっしん》に聞《き》いていました

＊布施《ふせ》……寄付《きふ》すること。

翌日《よくじつ》
おや？
王様《おうさま》は、朝食《ちょうしょく》の準備《じゅんび》をしている女性《じょせい》たちの姿《すがた》を見《み》て驚《おどろ》きました
皆《みな》、古《ふる》い衣《ころも》を着《き》ているのです
なぜ、わしが与《あた》えた新《あたら》しい衣《ころも》を着《き》ないのだ？
はい、仏教《ぶっきょう》を聞《き》かせていただいたお礼《れい》に、布施《ふせ》いたしました

むう
王様《おうさま》は、面白《おもしろ》くありませんでした
次第《しだい》に腹《はら》が立《た》ってきたのです
すぐに阿難《あなん》を城《しろ》へ呼《よ》び出《だ》し、問《と》いただしました
五百枚《ごひゃくまい》もの衣《ころも》を受《う》け取《と》ったというのは、本当《ほんとう》か
そのとおりです
私《わたし》個《こ》人《じん》へではなく、仏教《ぶっきょう》のために使《つか》ってほしいという気持《きも》ちで布施《ふせ》されたものです。
断《ことわ》る理由《りゆう》はありません。ありがたく頂《いただ》きました

そんなに多《おお》くの衣《ころも》を、どうするつもりだ
お釈迦《しゃか》さまには、たくさんの弟子《でし》がいます
布施《ふせ》してくださった方《かた》の気持《きも》ちを大切《たいせつ》にし、皆《みな》に、分《わ》け与《あた》えます
……
もともと仏教《ぶっきょう》を尊《とうと》く思《おも》っている王様《おうさま》ですから、反論《はんろん》できません
それでも、意地悪《いじわる》く質問《しつもん》を続《つづ》けました
では、それまで着《き》ていた古《ふる》い衣《ころも》は捨《す》てるのか
いいえ、下着《したぎ》に作《つく》り替《か》えます

古《ふる》い下着《したぎ》はどうするのだ
縫《ぬ》い合《あ》わせて、寝《ね》る時《とき》の褥《しとね》（敷《し》き布団《ぶとん》）にします
それまで使《つか》っていた褥《しとね》は
敷物《しきもの》にします
古《ふる》い敷物《しきもの》は
足《あし》を拭《ふ》く雑巾《ぞうきん》にします
古《ふる》くなった雑巾《ぞうきん》は
細《こま》かく切《き》って、床《ゆか》や壁《かべ》に塗《ぬ》る泥《どろ》に混《ま》ぜて使《つか》います
私《わたし》たちは、施《ほどこ》しを受《う》けた物《もの》を、決《けっ》して無駄《むだ》にはいたしません

王様《おうさま》は、釈迦《しゃか》のお弟子《でし》たちが
物《もの》を粗末《そまつ》にせず、どこまでも
生《い》かして使《つか》うことを知《し》って、
心《こころ》から敬服《けいふく》するのでした

阿難《あなん》は、品物《しなもの》を下《くだ》さった人《ひと》
の心《こころ》を大切《たいせつ》にしています
「古《ふる》くなったからといって
簡単《かんたん》に捨《す》てては申《もう》し訳《わけ》ない」
という気持《きも》ちです
このような阿難《あなん》の気持《きも》ちを、
私《わたし》たちも大切《たいせつ》にしなければなりません。
プレゼントをもらった時《とき》に、
きちんとお礼《れい》を言《い》っていますか。
いつまでも、大切《たいせつ》に使《つか》っていますか——

第《だい》6話《わ》

二《にの》宮《みや》金《きん》次《じ》郎《ろう》① 荒《あ》れ地《ち》を田《た》畑《はた》に

ごまかさず、こつこつ、まじめに取《と》り組《く》む

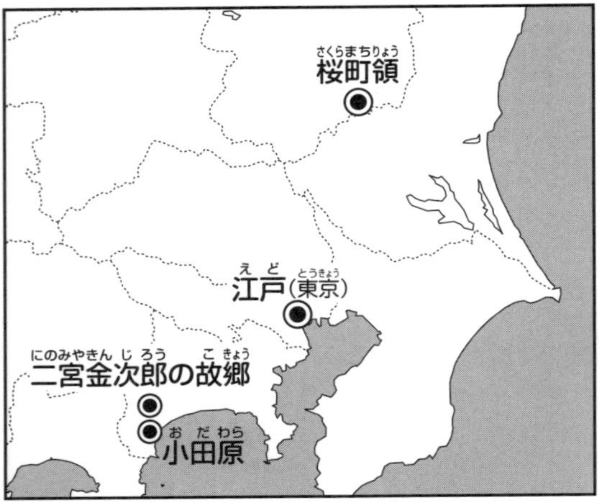

二宮金次郎《にのみやきんじろう》
（1787年生-1856年没）

人物紹介《じんぶつしょうかい》

二宮 金次郎（にのみや きんじろう）

二宮金次郎《にのみやきんじろう》は、江戸時代末期《えどじだいまっき》に、農村《のうそん》を復興《ふっこう》させるために活躍《かつやく》しました。「二宮尊徳《にのみやそんとく》」とも呼《よ》ばれます。
金次郎《きんじろう》の父《ちち》は、大《おお》きな家《いえ》と広《ひろ》い田畑《たはた》を持《も》っていました。しかし、金次郎《きんじろう》が五歳《ごさい》の時《とき》に、暴風雨《ぼうふうう》で近《ちか》くの川《かわ》の堤防《ていぼう》が決壊《けっかい》し、全《すべ》て流《なが》されてしまいます。
何年《なんねん》もかかって、石《いし》や砂《すな》で埋《う》まった田畑《たはた》を元《もと》に戻《もど》すことができましたが、借金《しゃっきん》が増《ふ》えていました。しかも、金《きん》次郎《じろう》が十四歳《じゅうよんさい》の時《とき》に父《ちち》が病死《びょうし》し、二年後《にねんご》に母《はは》も亡《な》くなったのです。
伯父《おじ》の家《いえ》に預《あず》けられた金次郎《きんじろう》は、仕事《しごと》をしながら、必《ひっ》死《し》に本《ほん》を読《よ》んで勉強《べんきょう》しました。
こんな苦《くる》しい状況《じょうきょう》に追《お》い込《こ》まれても、勉学《べんがく》に励《はげ》みながら努力《どりょく》していけば、必《かなら》ず未来《みらい》が開《ひら》けることを、金次郎《きんじろう》は教《おし》えてくれています。

歩《ある》きながら本《ほん》を読《よ》む子供《こども》の銅像《どうぞう》を、見《み》たことがありませんか。薪《まき》を背負《せお》っていますから、重《おも》そうですね。この子《こ》の名《な》は、「二宮金次郎《にのみやきんじろう》」といいます
この銅像《どうぞう》は、決《けっ》して、歩《ある》きながら本《ほん》を読《よ》むことを、勧《すす》めたものではありません
金次郎《きんじろう》は家《いえ》が貧《まず》しく、学校《がっこう》へ行《い》けませんでした。子供《こども》なのに、朝《あさ》から夜《よる》まで仕事《しごと》をしなければならず、本《ほん》を読《よ》む時間《じかん》さえ、なかったのです
でも彼《かれ》は、あきらめませんでした。仕事《しごと》をしながらでも、ちょっとした時間《じかん》を見《み》つけて、勉強《べんきょう》していたのです

金次郎《きんじろう》は、相模国《さがみのくに》＊の農家《のうか》に生《う》まれました
幼《おさな》い時《とき》に父《ちち》も母《はは》も亡《な》くなり、独《ひと》りぼっちになったのです。家《いえ》も財産《ざいさん》もなくなりました
ザク
ザク
仕事《しごと》をしなければ生《い》きていけません
荒《あ》れ地《ち》を耕《たがや》し、田畑《たはた》を増《ふ》やしていきました。そして、時間《じかん》を惜《お》しんで勉強《べんきょう》を続《つづ》けていったのです
その苦労《くろう》が実《みの》って、金次郎《きんじろう》が二十歳《はたち》の頃《ころ》には、二宮家《にのみやけ》を立《た》て直《なお》すことができました。仕事《しごと》にも、勉強《べんきょう》にも、一生懸命《いっしょうけんめい》な金次郎《きんじろう》は、多《おお》くの人《ひと》から信頼《しんらい》されるようになりました。やがて、その評判《ひょうばん》は、殿様《とのさま》の耳《みみ》にまで入《はい》ったのです

＊相模国《さがみのくに》……現在《げんざい》の神奈川県《かながわけん》。

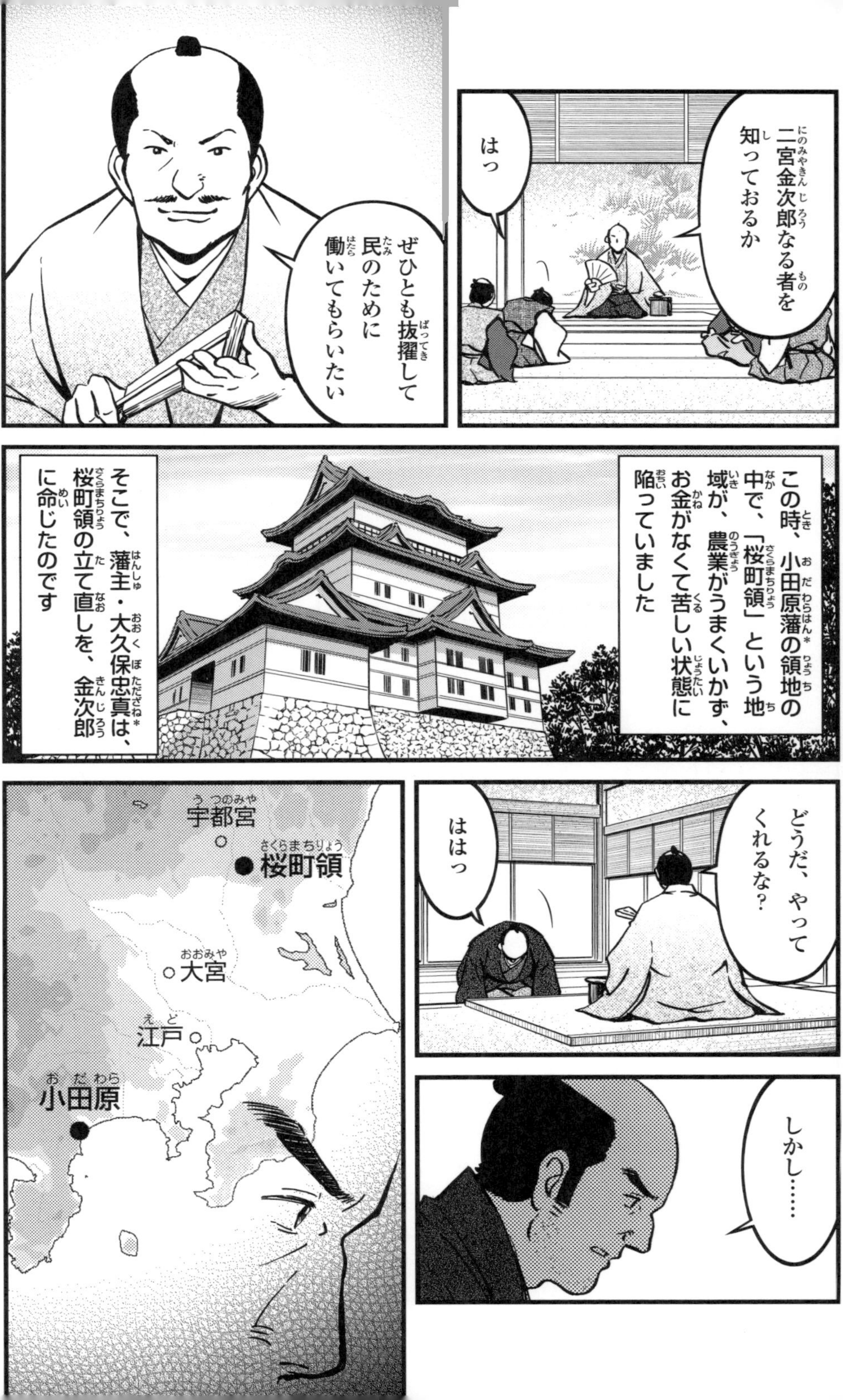
二宮金次郎《にのみやきんじろう》なる者《もの》を知《し》っておるか
はっ
ぜひとも抜擢《ばってき》して民《たみ》のために働《はたら》いてもらいたい
この時《とき》、小田原藩《おだわらはん》*の領地《りょうち》の中《なか》で、「桜町領《さくらまちりょう》」という地域《ちいき》が、農業《のうぎょう》がうまくいかず、お金《かね》がなくて苦《くる》しい状態《じょうたい》に陥《おちい》っていました
そこで、藩主《はんしゅ》・大久保忠真《おおくぼただざね》*は、桜町領《さくらまちりょう》の立《た》て直《なお》しを、金次郎《きんじろう》に命《めい》じたのです
どうだ、やってくれるな?
ははっ
しかし……
宇都宮《うつのみや》
桜町領《さくらまちりょう》
大宮《おおみや》
江戸《えど》
小田原《おだわら》

*小田原藩……江戸時代、相模国西南部に置かれた藩。

*大久保忠真《おおくぼただざね》……一七八一年生～一八三七年没。七代目《しちだいめ》藩主《はんしゅ》。

桜町領《さくらまちりょう》は、米《こめ》の収穫量《しゅうかくりょう》が少《すく》ない土地《とち》でした
それでも税《ぜい》の取《と》り立《た》てが厳《きび》しいので、村《むら》から逃《に》げていく農民《のうみん》が後《あと》を絶《た》たなかったのです
今《いま》や、農地《のうち》の半分以上《はんぶんいじょう》が荒《あ》れ放題《ほうだい》でした
そんな桜町領《さくらまちりょう》の復興《ふっこう》は、単《たん》なる財政《ざいせい》の立《た》て直《なお》しではなく、農民《のうみん》の生活《せいかつ》を救《すく》うことを意味《いみ》していました
……この大任《たいにん》を果《は》たすには、自分《じぶん》の家《いえ》や田畑《たはた》を処分《しょぶん》して桜町領《さくらまちりょう》へ移《うつ》り住《す》まなければならない

うまくいって十年《じゅうねん》はかかるだろう
余程《よほど》の覚悟《かくご》がなければ成就《じょうじゅ》できない
金次郎《きんじろう》は、永年《ながねん》の努力《どりょく》で取《と》り戻《もど》した二宮家《にのみやけ》の田畑《たはた》、家屋《かおく》を全《すべ》て売《う》り払《はら》いました。荒廃《こうはい》した農村《のうそん》の立《た》て直《なお》しに向《む》かう決意《けつい》を固《かた》めたのです
妻《つま》と三歳《さんさい》になる息子《むすこ》を連《つ》れて桜町領《さくらまちりょう》へ向《む》かったのは、金次郎《きんじろう》、三十七歳《さんじゅうななさい》の時《とき》でした

桜町領《さくらまちりょう》の農民《のうみん》は、貧《まず》しさのあまり、心《こころ》も荒《あ》れていました。働《はたら》かずに賭《か》け事《ごと》をしたり、互《たが》いに争《あらそ》うことも多《おお》かったのです
ガラ
ガラ
農民《のうみん》であった金次郎《きんじろう》は、農民《のうみん》の気持《きも》ちが、よく分《わ》かります
役人《やくにん》として、偉《えら》そうに指示《しじ》を出《だ》すのではなく、農民《のうみん》の家《いえ》を回《まわ》って、農民《のうみん》と共《とも》に苦労《くろう》していこうと思《おも》っていました
ザァ
ザァ
ザァ
荒《あ》れ地《ち》を耕《たがや》し、田畑《たはた》にする作業《さぎょう》が行《おこな》われていました

ある日《ひ》、金次郎《きんじろう》が見回《みまわ》りに出《で》た時《とき》のことです
ガッ
ガッ
大勢《おおぜい》の中《なか》で、一人《ひとり》の男《おとこ》の仕事《しごと》ぶりが、特《とく》に目立《めだ》っていました
大粒《おおつぶ》の汗《あせ》を流《なが》しながら、必死《ひっし》の形相《ぎょうそう》で鍬《くわ》を地面《じめん》に振《ふ》り下《お》ろしています
ガッ
ガッ
他《た》の人々《ひとびと》の倍《ばい》も働《はたら》いているように見《み》えました
ほう……
あの男《おとこ》は働《はたら》き者《もの》ですね

ザッカ
ザッカ
おっ、褒《ほ》めてもらえるぞ
……
ごまかすな！
ひっ⁉
おまえは、なぜ、人《ひと》をだまそうとするのか
責任者《せきにんしゃ》が見回《みまわ》りに来《き》た時《とき》だけ、そのように激《はげ》しく働《はたら》こうという魂胆《こんたん》だろう
わしが通《とお》り過《す》ぎたら手《て》を抜《ぬ》くつもりに違《ちが》いない

ウソをつくな
ウソではないと言《い》いたいならば、同《おな》じ調子《ちょうし》で日《ひ》が暮《く》れるまで鍬《くわ》を振《ふ》り下《お》ろしてみよ
わしが、ここで見《み》ていてやる。さあ、やってみよ!
も、申《もう》し訳《わけ》ありませんでした!
皆《みな》も聞《き》いてくれ
こんなウソつきが、上役《うわやく》をうまく欺《あざむ》いて褒《ほ》められたりすると、他《ほか》の正直《しょうじき》な者《もの》までやる気《き》をなくしてしまう

やがて、皆《みな》、表面《ひょうめん》だけ取《と》り繕《つくろ》うようになるだろう
そんなことでは、この土地《とち》は豊《ゆた》かにならないのだ
こりゃ、二宮様《にのみやさま》の目《め》はごまかせないぞ
さすが、武家《ぶけ》の役人《やくにん》とは違《ちが》うな
ああ。ズルをする者《もの》を、見抜《みぬ》いてくださる
人々《ひとびと》は感動《かんどう》して、再《ふたた》び鍬《くわ》を振《ふ》るいだしました

開墾《かいこん》*作業《さぎょう》には、
遠方《えんぽう》からも多《おお》くの人《ひと》が
雇《やと》われてきていました
*開墾……荒れ地を耕して新たに田畑にすること。
あれは……
ああ、
根《ね》っこの藤助《とうすけ》
ですか
根《ね》っこ？
へえ、
六十《ろくじゅう》過《す》ぎのじいさんですが、
一日中《いちにちじゅう》、根《ね》っこばかり
掘《ほ》っているので、このあだ名《な》
がついたみたいです
ザッ
ザッ
ふうむ……

若《わか》い者《もの》は、木《き》の根《ね》っこを掘《ほ》るのを嫌《いや》がっていました。時間《じかん》がかかるからです
それよりも、草《くさ》のみが生《は》えている場所《ばしょ》を選《えら》んで耕《たがや》したほうが楽《らく》ですし、評価《ひょうか》してもらいやすいからです
こんなに広《ひろ》く耕《たがや》せました！
確《たし》かに、根《ね》っこばかり掘《ほ》っている藤助《とうすけ》は、普通《ふつう》の半分《はんぶん》も働《はたら》いていないように見《み》えます
藤助《とうすけ》は、休憩時間《きゅうけいじかん》になっても
わしは年《とし》を取《と》って力《ちから》も衰《おとろ》えているので、若《わか》い者《もの》と一緒《いっしょ》に休《やす》んでいたら、何《なん》の役《やく》にも立《た》ちませんから
そう言《い》って、休《やす》もうとはしませんでした

ザッ
ザッ
ある日《ひ》、金次郎《きんじろう》は、藤助《とうすけ》を呼《よ》び出《だ》しました
ああ……、仕事《しごと》の能率《のうりつ》が悪《わる》いので叱《しか》られるに違《ちが》いない
ガタ
おお、藤助《とうすけ》さん、入《はい》りなさい

おまえさんは、毎日《まいにち》、よく働《はたら》くなあ
この数《すう》カ月間《げつかん》、おまえさんの仕事《しごと》ぶりを見《み》てきたが、いつも感心《かんしん》していたんだよ
今日《きょう》は褒美《ほうび》を渡《わた》したいと思《おも》って来《き》てもらったのだ
ジャラ
うひゃ‼ じゅ、十五両《じゅうごりょう》⁉
こ、こんな大金《たいきん》、とても受《う》け取《と》れません
いやいや、これは、私《わたし》の気持《きも》ちだ
とんでもない、私《わたし》はそんな働《はたら》きをしていません
いいから取《と》っておきなさい

おまえさんは、人《ひと》が見《み》ていようが、見《み》ていまいが関係《かんけい》なく、こつこつと、まじめに仕事《しごと》をしてきた
しかも、人《ひと》の嫌《いや》がることを自《みずか》ら進《すす》んでやってきた
その心《こころ》がけはりっぱなものだ
失礼《しつれい》だが、その年《とし》になって出稼《でかせ》ぎに来《く》るのは、余程《よほど》の事情《じじょう》があるのだろう
このお金《かね》を持《も》ち帰《かえ》って、家族《かぞく》のため、自分《じぶん》の老後《ろうご》のために使《つか》いなさい
……

二宮様《にのみやさま》……
ペコ
ペコ
ありがとうごぜえます、ありがとうごぜえます……
金次郎《きんじろう》の温《あたた》かい言葉《ことば》に、藤助《とうすけ》は涙《なみだ》を流《なが》して喜《よろこ》び、国元《くにもと》へ帰《かえ》っていきました

大《たい》切《せつ》な心《こころ》

ごまかさず、まじめに、こつこつと

金次郎《きんじろう》が、農民《のうみん》が働《はたら》いている荒《あ》れ地《ち》を見回《みまわ》っていると、一人《ひとり》の男《おとこ》が、汗《あせ》をかきながら、必死《ひっし》に鍬《くわ》を振《ふ》り下《お》ろしていました。他《た》の人《ひと》の何倍《なんばい》も働《はたら》いているように見《み》えます。

しかし金次郎《きんじろう》は、この男《おとこ》のウソを見破《みやぶ》りました。責任者《せきにんしゃ》が見回《みまわ》りにきた時《とき》だけ、がんばっているポーズをとっていたのです。

表面《ひょうめん》だけ取《と》り繕《つくろ》って、ごまかすようなことは、決《けっ》してやってはいけません。必《かなら》ず、すぐにばれてしまいます。そして、周《まわ》りの人《ひと》から信用《しんよう》されなくなります。

根《ね》っこの藤助《とうすけ》のように、他人《たにん》が嫌《いや》がるような仕事《しごと》を、自《みずか》ら進《すす》んで行《おこな》う人《ひと》は、りっぱな人《ひと》です。

誰《だれ》も見《み》ていなくても、まじめに、ごまかさず、よい行《おこな》いをしている人《ひと》には、必《かなら》ず、よい結果《けっか》が現《あらわ》れてくるのです。

第《だい》7話《わ》

二《にの》宮《みや》金《きん》次《じ》郎《ろう》② 大《だい》飢《き》饉《きん》への備《そな》え

「自《じ》分《ぶん》さえよければいい」という心《こころ》を捨《す》てる

苦節《くせつ》十年《じゅうねん》
金次郎《きんじろう》と、それを支《ささ》える妻《つま》の、努力《どりょく》によって、荒《あ》れ果《は》てていた桜町領《さくらまちりょう》は、豊《ゆた》かな農村《のうそん》に生《う》まれ変《か》わりました
ザッ
ザッ
ザッ
ザッ
今年《ことし》は豊作《ほうさく》ですね

難《むずか》しかったのは荒《あ》れ地《ち》の開墾《かいこん》＊よりも、人間《にんげん》の心《こころ》を耕《たがや》すことでした
最初《さいしょ》は大変《たいへん》だったな……
二宮《にのみや》の言《い》うことなんか聞《き》けるか
よそから来《き》て余計《よけい》な世話《せわ》ばかり……いらぬおせっかいだ
厳《きび》しすぎるんだよ。小田原《おだわら》に帰《かえ》ってくれ
何《なん》でここまで働《はたら》かなきゃならないんだ。貧乏《びんぼう》でもいいよ
そうそう。寝《ね》たい時《とき》に寝《ね》て、起《お》きたい時《とき》に起《お》きればいいよ
農民《のうみん》の中《なか》には、反発《はんぱつ》する者《もの》や自己中心的《じこちゅうしんてき》な者《もの》がいて、なかなか一《ひと》つにまとまりませんでした

＊開墾《かいこん》……荒《あ》れ地《ち》を耕《たがや》して新《あら》たに田畑《たはた》にすること。

ザバッ
二宮様《にのみやさま》、湯加減《ゆかげん》はいかがですか
いやあ、いい湯《ゆ》だ
ある時《とき》、金次郎《きんじろう》は、丸《まる》い風呂《ふろ》に入《はい》りながら村人《むらびと》に教《おし》えました
いいかい。自分《じぶん》の利益《りえき》ばかり考《かんが》えている者《もの》は、風呂《ふろ》のお湯《ゆ》を、しきりと手前《てまえ》へかき寄《よ》せているのと同《おな》じだ
一時《いちじ》は自分《じぶん》のほうへお湯《ゆ》が寄《よ》ってくるが、すぐに脇《わき》を擦《す》り抜《ぬ》けて向《む》こう側《がわ》へ流《なが》れていってしまう
結局《けっきょく》、自分《じぶん》のものにはならない

ザブッ
これと反対《はんたい》に、常《つね》に相手《あいて》のためを思《おも》い、自分《じぶん》の持《も》っているものを与《あた》えようとする人《ひと》は、お湯《ゆ》を向《む》こう側《がわ》へ押《お》しやるのと同《おな》じだ
そのお湯《ゆ》は自分《じぶん》から離《はな》れていくように見《み》えるが、実際《じっさい》には、ぐるっと回《まわ》って自分《じぶん》のもとへ返《かえ》ってくる
相手《あいて》も喜《よろこ》び、自分《じぶん》も喜《よろこ》べるようになるのだ
へえ～
金次郎《きんじろう》が一貫《いっかん》して村人《むらびと》に訴《うった》え続《つづ》けたのは、思《おも》いやりの精神《せいしん》でした

「自分《じぶん》さえよければいい」という心《こころ》を捨《す》てて、一致協力《いっちきょうりょく》したからこそ、一《ひと》つの目標《もくひょう》に向《む》かう団結《だんけつ》が生《う》まれ、不可能《ふかのう》と思《おも》われていた事業《じぎょう》を成《な》し遂《と》げることができたのです
天保四年《てんぽうよねん》（一八三三）初夏《しょか》——
今日《きょう》はお疲《つか》れさまでございました

おお、私《わたし》はナスが大好物《だいこうぶつ》じゃ
ん？
ナスの味《あじ》がおかしい……
えっ
季節《きせつ》はまだ初夏《しょか》なのに、もう秋《あき》ナスの味《あじ》がする……
そ、そうかな……？
日照《にっしょう》が少《すく》ないのか？
今年《ことし》は冷夏《れいか》となり、稲《いね》が育《そだ》たないかもしれない……
これは大変《たいへん》だ！

*冷害……夏の気温が低くて農作物が育たないこと。

*ヒエ（稗）……イネ科の植物。夏に円形状の穂をつけ、小さい実を結びます。

*雑穀《ざっこく》……米《こめ》・麦《むぎ》以外《いがい》の穀類《こくるい》。ヒエ、アワ、大豆《だいず》など。

案《あん》の定《じょう》、真夏《まなつ》になっても気温《きおん》が上《あ》がりませんでした
雨《あめ》が続《つづ》き、稲《いね》が実《みの》らなかったのです
さらに翌年《よくねん》、翌々年《よくよくねん》と凶作《きょうさく》が続《つづ》き、いよいよ天保七年《てんぽうしちねん》＊には全国的《ぜんこくてき》な大飢饉《だいききん》が発生《はっせい》したのです
木《こ》の葉《は》、草《くさ》の根《ね》まで食《た》べ尽《つ》くした
もう何《なに》も食《た》べるものがない……
ギャア
ギャア
餓死《がし》する者《もの》、数十万人《すうじゅうまんにん》を超《こ》え、死体《したい》の山《やま》が各所《かくしょ》に築《きず》かれる有《あ》り様《さま》でした

＊天保七年《てんぽうしちねん》……一八三六年《ねん》。

桜町《さくらまち》では、金次郎《きんじろう》の呼《よ》びかけにより雑穀《ざっこく》の蓄《たくわ》えがじゅうぶんにあったので、一人《ひとり》の餓死者《がししゃ》も出《で》ませんでした
それだけでなく、自分《じぶん》たちが蓄《たくわ》えておいた食糧《しょくりょう》を苦《くる》しんでいる村《むら》へ届《とど》けて多《おお》くの農民《のうみん》の命《いのち》を救《すく》ったのです
ガラ
ガラ
大丈夫《だいじょうぶ》か⁉
金次郎《きんじろう》の出身地《しゅっしんち》である小田原《おだわら》＊も、深刻《しんこく》な飢饉《ききん》に襲《おそ》われていました

＊小田原《おだわら》……現在《げんざい》の神奈川県《かながわけん》小田原市《おだわらし》。

当時《とうじ》、藩主《はんしゅ》の大久保忠真《おおくぼただざね》は江戸《えど》*にいて、病気《びょうき》で寝込《ねこ》んでいました
……小田原《おだわら》の状況《じょうきょう》はどうなっておる
心配《しんぱい》でならぬ……
そうだ、二宮《にのみや》を呼《よ》べ
ははっ
よいか、私《わたし》の代《か》わりに小田原《おだわら》へ向《む》かい、国民《こくみん》を飢饉《ききん》から救《すく》うのだ

＊江戸《えど》……現在《げんざい》の東京《とうきょう》。

殿《との》！
これはそなたしかできぬ
ゴホゴホ
よいか、小田原城《おだわらじょう》の非常用《ひじょうよう》に蓄《たくわ》えてある米倉《こめぐら》を開《あ》けてもよい
頼《たの》んだぞ
そのような特別《とくべつ》なご許可《きょか》を……
この二宮《にのみや》、しかと承《うけたまわ》りました！
ダダッ

金次郎《きんじろう》が小田原《おだわら》へ駆《か》けつけると、そこには、食《た》べる物《もの》がなく、苦《くる》しんでいる人《ひと》であふれていました
もはや一刻《いっこく》の猶予《ゆうよ》もない
これはすぐに城《しろ》の米倉《こめぐら》を開《あ》けて皆《みな》に与《あた》えなければ……
小田原城《おだわらじょう》

殿《との》が米倉《こめぐら》を開《あ》ける許可《きょか》を与《あた》えられたというが、我々《われわれ》には、まだ正式《せいしき》な命令《めいれい》が届《とど》いておらぬ
そなたの言葉《ことば》を信《しん》じて米倉《こめぐら》を開《あ》け、後日《ごじつ》、お叱《しか》りがあってはかなわんからな
確《たし》かに急《きゅう》を要《よう》する事態《じたい》ではあるが、一度《いちど》、江戸《えど》へ使者《ししゃ》を出《だ》して、殿《との》にお伺《うかが》いしてからにすべきだ
そうそう、まずはこの弁当《べんとう》を食《た》べてから……
ゴトッ
スッ

ああ、なんと無慈悲《むじひ》な！
あまりにも情《なさ》けない！
な、何《なに》を申《もう》すか！
そうじゃ、農民出身《のうみんしゅっしん》の分際《ぶんざい》で無礼極《ぶれいきわ》まりない！
いいですか！何万《なんまん》とも知《し》れぬ人々《ひとびと》が、今《いま》、死《し》にそうになっているのですぞ！
江戸《えど》へ使者《ししゃ》を出《だ》して、返事《へんじ》が来《く》るまでに何日《なんにち》かかるとお思《おも》いなのか。
その間《かん》に、国民《こくみん》の半数《はんすう》は餓死《がし》するでしょう

おのおの方《がた》は、人《ひと》の命《いのち》を救《すく》うよりも、わが身《み》に罪《つみ》が及《およ》ばないことのほうが大事《だいじ》なのでござろう。
それが政治《せいじ》をつかさどる者《もの》の態度《たいど》といえましょうか！
ぐぐ……
おのおの方《がた》は、国民《こくみん》を思《おも》う殿《との》のご心労《しんろう》も、飢《う》えに直面《ちょくめん》している人々《ひとびと》の苦《くる》しみも、少《すこ》しも分《わ》かってはいない
これ以上《いじょう》、議論《ぎろん》しても何《なん》の意味《いみ》もない！
……
ザザッ
そこで、おのおの方《がた》に提案《ていあん》がござる

断食《だんじき》をしていただきたい！
な、何《なに》⁉
この議論《ぎろん》が決着《けっちゃく》するまで絶対《ぜったい》に食事《しょくじ》を取《と》らないでもらいたい
自分《じぶん》が苦労《くろう》のない生活《せいかつ》をしたままで、どうして明日《あす》をも知《し》れぬ国民《こくみん》の気持《きも》ちが分《わ》かりましょうや
論《ろん》より証拠《しょうこ》、まずご自身《じしん》が、断食《だんじき》して飢餓《きが》を味《あじ》わえば、自然《しぜん》と結論《けつろん》が出《で》るはずです
その声《こえ》は雷《かみなり》のごとく、人命《じんめい》を尊《とうと》ぶ心《こころ》は火《ひ》のごとく、徹底《てってい》した理《り》は矢《や》のごとく、人々《ひとびと》の胸《むね》を打《う》ったのです

重臣《じゅうしん》たちは
一言《ひとこと》も反論《はんろん》できず、
米倉《こめぐら》を開《ひら》くことに
一決《いっけつ》したのでした
かくて、数万《すうまん》の人々《ひとびと》を
救済《きゅうさい》する道《みち》が開《ひら》けた
のです
ガラガラ
金次郎《きんじろう》は、身《み》も心《こころ》も打《う》ち込《こ》んで
救助《きゅうじょ》の陣頭指揮《じんとうしき》をとり、
二《に》カ月半後《げつはんご》に、大任《たいにん》を終《お》えて、
桜町領《さくらまちりょう》へ帰《かえ》っていきました

金次郎《きんじろう》に農村改革《のうそんかいかく》の援助《えんじょ》を求《もと》める声《こえ》は、この後《のち》も、関東全域《かんとうぜんいき》から湧《わ》き起《お》こりました
まさに東奔西走《とうほんせいそう》の、忙《いそが》しい日々《ひび》を送《おく》っています

七十歳《ななじっさい》で亡《な》くなるまで、生涯《しょうがい》、権力《けんりょく》にこびず、地位《ちい》を求《もと》めず、自《みずか》ら荒廃《こうはい》した農村《のうそん》を歩《ある》き回《まわ》り、悲惨《ひさん》な生活《せいかつ》に苦《くる》しむ人々《ひとびと》を救《すく》うことに全力《ぜんりょく》を尽《つ》くしたのでした

常《つね》に相手《あいて》のために思《おも》って行動《こうどう》する

金次郎《きんじろう》が、丸《まる》いお風呂《ふろ》に入《はい》りながら村人《むらびと》に教《おし》えたことは、とても大切《たいせつ》なことです。

「自分《じぶん》さえよければいい」という人《ひと》は、風呂《ふろ》のお湯《ゆ》を、一生懸命《いっしょうけんめい》に自分《じぶん》のほうへかき寄《よ》せているのと同《おな》じです。一時《いちじ》は、自《じ》分《ぶん》のほうへお湯《ゆ》が寄《よ》ってきますが、すぐに脇《わき》を擦《す》り抜《ぬ》けて向《む》こう側《がわ》へ流《なが》れていってしまいます。結《けっ》局《きょく》、自分《じぶん》のものにはなりません。

常《つね》に相手《あいて》のためを思《おも》い、自分《じぶん》の持《も》っているものを分《わ》け与《あた》えようとする人《ひと》は、お湯《ゆ》を向《む》こう側《がわ》へ押《お》しやるのと同《おな》じです。お湯《ゆ》は自分《じぶん》から離《はな》れていくように見《み》えますが、すぐに、ぐるっと回《まわ》って自分《じぶん》のもとへ返《かえ》ってきます。つまり、相手《あいて》も喜《よろこ》び、自分《じぶん》も喜《よろこ》べるようになるのです。

この「思《おも》いやり」の精神《せいしん》を身《み》につけることができれば、将来《しょうらい》、どの道《みち》へ進《すす》んでも、仕事《しごと》も人間関《にんげんかん》係《けい》も、うまくいくはずです。

ものしりアルバム

小田原城跡《おだわらじょうあと》

神奈川県《かながわけん》小田原市《おだわらし》にあり、戦国時代《せんごくじだい》の北条氏《ほうじょうし》が本拠地《ほんきょち》としたことで有名《ゆうめい》です。江戸時代《えどじだい》には徳川家康《とくがわいえやす》の家臣《かしん》である大久保氏《おおくぼし》が入《はい》り、小田原藩《おだわらはん》の中心《ちゅうしん》となりました。

二宮金次郎《にのみやきんじろう》

桜町陣屋跡《さくらまちじんやあと》

桜町《さくらまち》は、小田原藩主大久保家《おだわらはんしゅおおくぼけ》の分家《ぶんけ》が治《おさ》める土地《とち》でした。金次郎《きんじろう》はこの陣屋《じんや》（役所《やくしょ》）を拠点《きょてん》に陣頭指揮《じんとうしき》をとり、荒《あ》れた桜町領《さくらまちりょう》を立《た》て直《なお》したのです。

第《だい》8話《わ》

上杉鷹山《うえすぎようざん》① 節約《せつやく》と開墾《かいこん》の奨励《しょうれい》

まず自分《じぶん》が実行《じっこう》してから、他人《たにん》に勧《すす》める

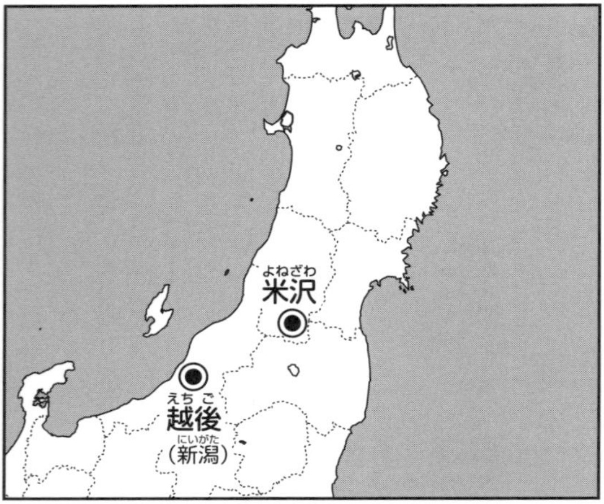

上杉鷹山《うえすぎようざん》

（1751年生-1822年没）

人物紹介《じんぶつしょうかい》

上杉 鷹山（うえすぎ ようざん）

戦国時代《せんごくじだい》の上杉謙信《うえすぎけんしん》といえば、武田信玄《たけだしんげん》と並《なら》び称《しょう》される有名《ゆうめい》な武将《ぶしょう》です。

その上杉家《うえすぎけ》は、徳川家康《とくがわいえやす》の命令《めいれい》で、越後《えちご》（現在《げんざい》の新潟《にいがた》県《けん》）から出羽《でわ》の米沢《よねざわ》（現在《げんざい》の山形県《やまがたけん》）へ領地《りょうち》を替《か》えられてしまいました。

その米沢藩《よねざわはん》、十代《じゅうだい》めの藩主《はんしゅ》が上杉鷹山《うえすぎようざん》です。

鷹山《ようざん》は、行《ゆ》き詰《づ》まっていた藩《はん》の経営《けいえい》を立《た》て直《なお》すことに成功《せいこう》しました。鷹山《ようざん》の苦労《くろう》を知《し》ったアメリカの大統領《だいとうりょう》が、「尊敬《そんけい》する日本《にほん》の政治家《せいじか》は、上杉鷹山《うえすぎようざん》」と語《かた》ったとも伝《つた》えられ、ますます有名《ゆうめい》になりました。

「成《な》せば成《な》る
成《な》さねば成《な》らぬ　何事《なにごと》も
成《な》らぬは人《ひと》の　成《な》さぬなりけり」

不可能《ふかのう》を可能《かのう》にした上杉鷹山《うえすぎようざん》の明言《めいげん》です。

上杉謙信《うえすぎけんしん》は、戦国時代《せんごくじだい》を代表《だいひょう》する武将《ぶしょう》です

その名門《めいもん》「上杉家《うえすぎけ》」も江戸時代中期《えどじだいちゅうき》には、破産寸前《はさんすんぜん》に追《お》い込《こ》まれています
この危機《きき》を救《すく》ったのが、十七歳《じゅうななさい》で藩主《はんしゅ》になった上杉鷹山《うえすぎようざん》でした

なぜ、わが米沢藩《よねざわはん》は、莫大《ばくだい》な借金《しゃっきん》を抱《かか》えるようになったのか
それは……
年間《ねんかん》の支出《ししゅつ》が、収入《しゅうにゅう》の二倍以上《にばいいじょう》もあり、足《た》りなくなったら安易《あんい》に借金《しゃっきん》を繰《く》り返《かえ》してきたからです
なぜ支出《ししゅつ》を抑《おさ》えられなかったのだ？
謙信公《けんしんこう》よりの名門《めいもん》、上杉家《うえすぎけ》としての格式《かくしき》にこだわり、藩主《はんしゅ》や家臣《かしん》が、見《み》えを張《は》って、昔《むかし》のままの生活《せいかつ》を続《つづ》けてきたからでありましょう
むむ……

このままいけば藩《はん》が行《ゆ》き詰《づ》まるのは時間《じかん》の問題《もんだい》でした
スッ
今《いま》すぐできることは、ハッキリしている
まず、鷹山《ようざん》自身《じしん》が節約《せつやく》の手本《てほん》を示《しめ》しました
藩主《はんしゅ》の生活費《せいかつひ》を、これまでの七分《しちぶん》の一《いち》に減《へ》らし、食事《しょくじ》は一汁一菜《いちじゅういっさい》、衣服《いふく》も高価《こうか》な絹《きぬ》を使《つか》わず、全《すべ》て粗末《そまつ》な木綿《もめん》で作《つく》らせたのです
そのうえで、家臣《かしん》にも節約《せつやく》を命《めい》じました
藩主《はんしゅ》の日常《にちじょう》を見《み》ているので、家臣《かしん》たちも心《こころ》から従《したが》うようになっていきました

さらに、年中行事《ねんちゅうぎょうじ》の中止《ちゅうし》、贈《おく》り物《もの》の禁止《きんし》など、お金《かね》の使《つか》い方《かた》を大幅《おおはば》に見直《みなお》して、支出《ししゅつ》を削《けず》っていったのです
しかし――
ドタドドタ
殿《との》は分《わ》かっておられぬ!
これでは上杉家《うえすぎけ》の体面《たいめん》が保《たも》てません
元《もと》に戻《もど》していただきます!
分《わ》かっておらぬのは、そなたたちのほうじゃ
体面《たいめん》を気《き》にしてきたから、藩《はん》がつぶれようとしているのではないか

急《きゅう》な改革《かいかく》に反発《はんぱつ》し、一部《いちぶ》の重臣《じゅうしん》が結束《けっそく》して抗議《こうぎ》してきました
しかし鷹山《ようざん》は、少《すこ》しもひるみませんでした
非難《ひなん》が的外《まとはず》れであることを、一《ひと》つ一《ひと》つ証明《しょうめい》していき、改革《かいかく》にブレーキをかける者《もの》には、重臣《じゅうしん》といえども厳罰《げんばつ》を与《あた》えたのでした
厳《きび》しいばかりではありません
鷹山《ようざん》は、村《むら》の有力者《ゆうりょくしゃ》に、次《つぎ》のように語《かた》っています

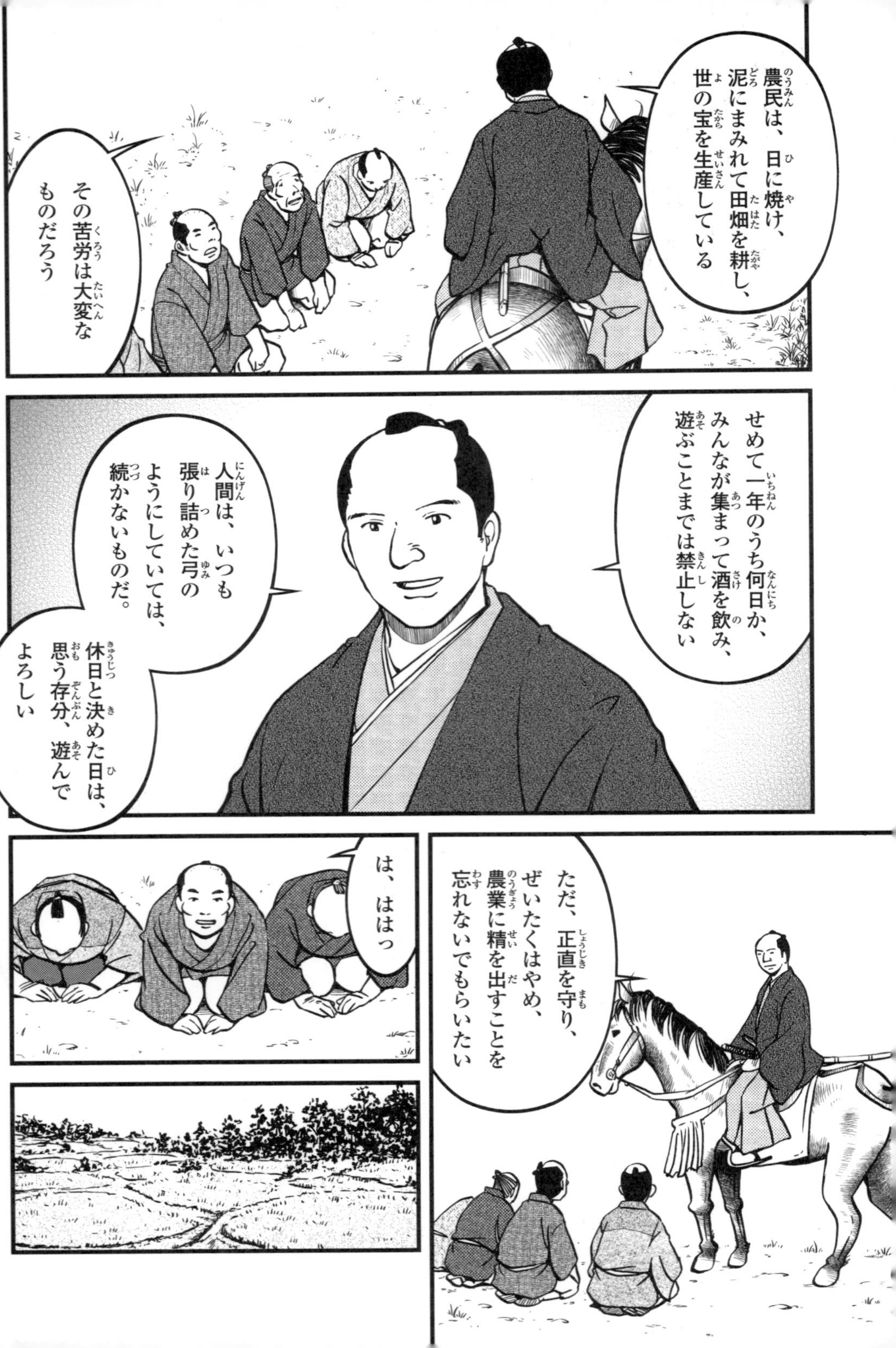
農民《のうみん》は、日《ひ》に焼《や》け、泥《どろ》にまみれて田畑《たはた》を耕《たがや》し、世《よ》の宝《たから》を生産《せいさん》している
その苦労《くろう》は大変《たいへん》なものだろう
せめて一年《いちねん》のうち何日《なんにち》か、みんなが集《あつ》まって酒《さけ》を飲《の》み、遊《あそ》ぶことまでは禁止《きんし》しない
人間《にんげん》は、いつも張《は》り詰《つ》めた弓《ゆみ》のようにしていては、続《つづ》かないものだ。
休日《きゅうじつ》と決《き》めた日《ひ》は、思《おも》う存分《ぞんぶん》、遊《あそ》んでよろしい
ただ、正直《しょうじき》を守《まも》り、ぜいたくはやめ、農業《のうぎょう》に精《せい》を出《だ》すことを忘《わす》れないでもらいたい
は、ははっ

節約《せつやく》の次《つぎ》には、収入《しゅうにゅう》を増《ふ》やす
積極策《せっきょくさく》が必要《ひつよう》でした
ある日《ひ》、鷹山《ようざん》は
学問《がくもん》の師《し》・細井平洲《ほそいへいしゅう》*に
尋《たず》ねました
わが藩《はん》が貧《まず》しいのは、
荒《あ》れ地《ち》が多《おお》いからです
これを打開《だかい》する方法《ほうほう》は
ないものでしょうか
荒《あ》れ地《ち》が多《おお》いのが原因《げんいん》と
お気《き》づきならば、答《こた》えは
ハッキリしています
一日《いちにち》も早《はや》く、開墾《かいこん》*に
取《と》りかかるべきです
そのことなのです、
悩《なや》みは……

*細井平洲……一七二八年生～一八〇一年没。江戸時代の儒学者。尾張国（現在の愛知県）の生まれ。

*開墾《かいこん》……荒《あ》れ地《ち》を耕《たがや》して新《あら》たに田畑《たはた》にすること。

開墾《かいこん》を奨励《しょうれい》するには多額《たがく》のお金《かね》がかかります
その当《あ》てがないから困《こま》っているのです
ニッ
それは、さほど難《むずか》しいことではありません。
ただ、殿様《とのさま》のご決心一《けっしんひと》つにかかっています
……
うむ、分《わ》かった
すぐに決行《けっこう》しよう
ザッ

そう言《い》って、鍬《くわ》を四十挺《よんじっちょう》ほど作《つく》らせました
これを近臣《きんしん》に分《わ》け与《あた》え、荒《あ》れ地《ち》へ出《で》ていったのです
鷹山《ようざん》が先頭《せんとう》に立《た》ち、鍬《くわ》を持《も》って耕《たがや》し始《はじ》めました
殿《との》!!
武士《ぶし》がそのようなことをされては……
かまわぬ!
常識《じょうしき》を打《う》ち破《やぶ》る行為《こうい》でした

よし！
このことは、たちまち国中《くにじゅう》の大評判《だいひょうばん》になりました
最《もっと》も驚《おどろ》いたのは農民《のうみん》たちです
殿様《とのさま》自《みずか》ら、この国《くに》のために鍬《くわ》を持《も》って働《はたら》いていらっしゃる
我々《われわれ》が休《やす》んでいるわけにはいかないな
んだ
農民《のうみん》たちは、積極的《せっきょくてき》に開墾《かいこん》に乗《の》り出《だ》したのです

武士《ぶし》の意識《いしき》も変《か》わりました
プライドを掲《かか》げていても、藩《はん》がつぶれたら意味《いみ》がありません
まして藩主《はんしゅ》が先《さき》に立《た》って模範《もはん》を示《しめ》しているのです
皆《みな》が一体《いったい》となって草《くさ》を刈《か》り、土地《とち》を耕《たがや》し、農業《のうぎょう》の発展《はってん》に尽《つ》くしました
同時《どうじ》に、養蚕《ようさん》や織物《おりもの》などの特産物《とくさんぶつ》にも力《ちから》を入《い》れたので、藩《はん》の財政《ざいせい》は少《すこ》しずつ好転《こうてん》していきました

成《な》せば成《な》る
成《な》さねば成《な》らぬ
何事《なにごと》も
成《な》らぬは人《ひと》の
成《な》さぬなりけり
鷹山《ようざん》の名言《めいげん》です

まさに、この言葉《ことば》どおり、彼《かれ》が改革《かいかく》に着手《ちゃくしゅ》してから三十三年《さんじゅうさんねん》めにして、借金《しゃっきん》をほとんど返済《へんさい》することができたのです
荒廃《こうはい》していた米沢《よねざわ》は、農業《のうぎょう》が盛《さか》んな美《うつく》しい国《くに》に生《う》まれ変《か》わったのです

大《たい》切《せつ》な心《こころ》

まず自分《じぶん》から実行《じっこう》する

上杉鷹山《うえすぎようざん》は、藩主《はんしゅ》であり、殿様《とのさま》です。
そんな立場《たちば》の人《ひと》が、家臣《かしん》に命令《めいれい》したり、指示《しじ》をしたりすることは簡単《かんたん》です。しかし、偉《えら》そうに言《い》うと、心《こころ》から従《したが》う人《ひと》が、どれだけあるか分《わ》かりません。

鷹山《ようざん》は、「贅沢《ぜいたく》をしないように」と家臣《かしん》に呼《よ》びかける時《とき》は、まず、自分《じぶん》の食事《しょくじ》のおかずを減《へ》らし、衣服《いふく》を粗末《そまつ》な物《もの》に替《か》えました。

荒《あ》れ地《ち》の開墾《かいこん》を進《すす》める時《とき》は、まず、自分《じぶん》が率先《そっせん》して鍬《くわ》を持《も》って耕《たがや》し始《はじ》めました。

体《からだ》にかけて実行《じっこう》して、手本《てほん》を示《しめ》す姿《すがた》を見《み》て、家臣《かしん》も農民《のうみん》も、心《こころ》から、殿様《とのさま》に従《したが》うようになっていったのです。

このように、言葉《ことば》だけで「こうしよう」「ああしよう」と言《い》っていても、誰《だれ》もついてきてくれないことが多《おお》いのです。

何《なに》かをやり遂《と》げようと思《おも》ったら、まず、自分《じぶん》から実行《じっこう》していくことが大切《たいせつ》です。

第《だい》9話《わ》

上杉《うえすぎ》鷹山《ようざん》② 敬老《けいろう》の精神《せいしん》

年寄《としよ》りを大切《たいせつ》にし、親《おや》の恩《おん》に報《むく》いるように

米沢藩《よねざわはん》の財政危機《ざいせいきき》を救《すく》うために立《た》ち上《あ》がった上杉鷹山《うえすぎようざん》
どんなに経済的《けいざいてき》に厳《きび》しくとも、老人《ろうじん》を大切《たいせつ》にする政策《せいさく》を打《う》ち出《だ》しています

安永六年《あんえいろくねん》（一七七七）、鷹山《ようざん》は、藩士《はんし》の家族《かぞく》の中《なか》で、九十歳以上《きゅうじっさいいじょう》の老人《ろうじん》を城《しろ》に招《まね》いて懇親会《こんしんかい》を設《もう》けています

とかく老人《ろうじん》は、厄介者《やっかいもの》の扱《あつか》いを受《う》けがちです
家《いえ》は貧乏《びんぼう》なのに、働《はたら》くこともできず、食糧《しょくりょう》を食《く》いつぶすだけ
こういう発想《はっそう》から、江戸時代《えどじだい》には「姥捨山《うばすてやま》」＊の風習《ふうしゅう》が生《う》まれた地域《ちいき》さえあります
しかし、上杉鷹山《うえすぎようざん》は反対《はんたい》でした
老人《ろうじん》は、今《いま》こそ腰《こし》が曲《ま》がり、歩《ある》くこともままならず、家族《かぞく》に迷惑《めいわく》をかけているかもしれない

＊姥捨山《うばすてやま》……国《くに》の掟《おきて》や貧困《ひんこん》のため、年老《としお》いた親《おや》を子《こ》が捨《す》てた山《やま》のこと。日本各地《にほんかくち》に伝説《でんせつ》が残《のこ》っています。

だが、この親《おや》がなければ、子供《こども》が育《そだ》たなかったのだ
孫《まご》も生《う》まれていない
いかなる貧苦《ひんく》にも耐《た》えて、働《はたら》いてきてくれたからこそ、現在《げんざい》の家庭《かてい》もあり、国家《こっか》も築《きず》かれてきたのだ
その恩《おん》を思《おも》うと、ねぎらわずにおれない
殿《との》……！
鷹山《ようざん》は、優《やさ》しく言葉《ことば》をかけ、服《ふく》やお金《かね》を贈《おく》ったのです

また、広間《ひろま》で行《おこな》われた会食《かいしょく》の席《せき》には、子《こ》や孫《まご》を二《に》、三人《さんにん》ずつ付《つ》き添《そ》わせました
皆《みな》の衆《しゅう》、今日《きょう》は思《おも》いっきり楽《たの》しんでくれ
おまえたちの両親《りょうしん》や祖父母《そふぼ》をいたわり、心《こころ》を込《こ》めて食事《しょくじ》の世話《せわ》をして、楽《たの》しく過《す》ごしなさい
仲《なか》むつまじい笑《わら》い声《こえ》が絶《た》えませんでした
ワイ
ワイ

この会食《かいしょく》に参加《さんか》した人《ひと》は、皆《みな》、今《いま》までの自分《じぶん》の行《おこな》いを深《ふか》く反省《はんせい》しました
もっと年寄《としよ》りを大事《だいじ》にし、親《おや》の恩《おん》に報《むく》いるように心《こころ》がけていこう
鷹山《ようざん》は、町民《ちょうみん》、農民《のうみん》に対《たい》しても、同《おな》じように接《せっ》しました
九十歳以上《きゅうじっさいいじょう》の老人《ろうじん》を役所《やくしょ》へ招《まね》いて「養老米《ようろうまい》」を贈《おく》り、会食《かいしょく》したのです
以後《いご》、毎年元日《まいとしがんじつ》に、九十歳以上《きゅうじっさいいじょう》の老人《ろうじん》には、服《ふく》や米《こめ》が、祝《いわ》いとして贈《おく》られることになったのです

よいか。領内《りょうない》の村々《むらむら》に、次《つぎ》のように触《ふ》れを出《だ》せ
年《とし》老《お》いた者《もの》には、気《き》を遣《つか》い、力《ちから》を尽《つ》くして大切《たいせつ》に接《せっ》するべきである
七十歳《ななじっさい》以上《いじょう》の者《もの》には、村《むら》の者《もの》が、皆《みな》で協力《きょうりょく》して、よくいたわるようにせよ
九十歳《きゅうじっさい》以上《いじょう》の者《もの》には、また格別《かくべつ》の心遣《こころづか》いをせよ
ははっ！
鷹山《ようざん》は言《い》うだけでなく自《みずか》ら実行《じっこう》しています

ある時《とき》、鷹山《ようざん》は、赤湯温泉《あかゆおんせん》＊へ向《む》かいました
ほほう、近《ちか》くの村《むら》に九十五歳《きゅうじゅうごさい》の老人《ろうじん》が住《す》んでいるとな
それは早速《さっそく》、会《あ》いに行《い》こう
スッ
殿《との》！
ドドッ
ドドッ
あんた、大変《たいへん》だよ！
あん？
上杉《うえすぎ》の殿様《とのさま》がお越《こ》しだよ！
そ、そんなわけあるか！

＊赤湯温泉……山形県南陽市にある温泉。

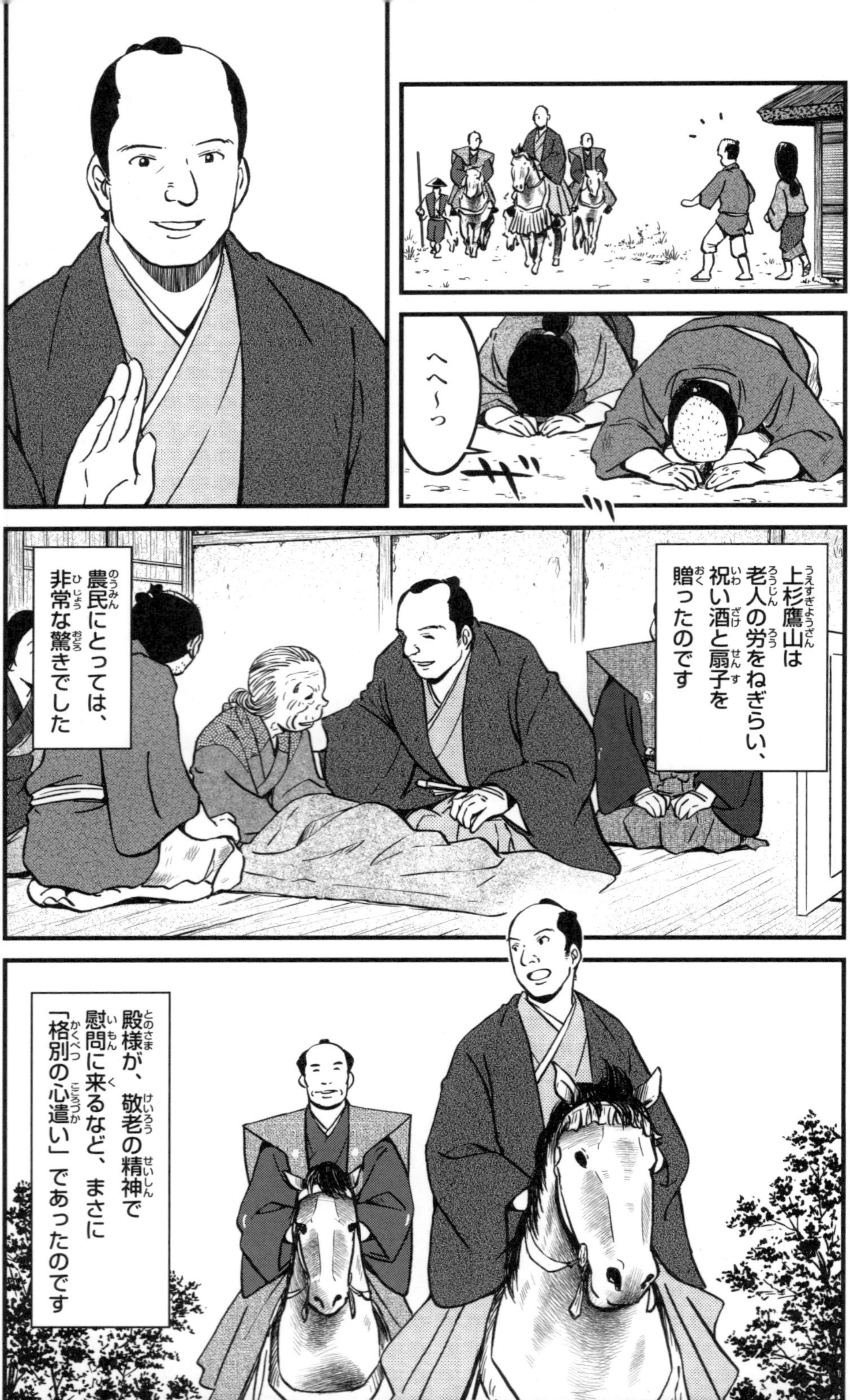

へへ～っ
ザザッ
上杉鷹山《うえすぎようざん》は老人《ろうじん》の労《ろう》をねぎらい、祝《いわ》い酒《ざけ》と扇子《せんす》を贈《おく》ったのです
農民《のうみん》にとっては、非常《ひじょう》な驚《おどろ》きでした
殿様《とのさま》が、敬老《けいろう》の精神《せいしん》で慰問《いもん》に来《く》るなど、まさに「格別《かくべつ》の心遣《こころづか》い」であったのです

このような配慮《はいりょ》を見《み》たり、聞《き》いたりするうちに、親《おや》の恩《おん》を思《おも》い、年寄《としよ》りを気遣《きづか》うことの大切《たいせつ》さが、少《すこ》しずつ浸透《しんとう》していきました
「老人《ろうじん》」といっても、最初《さいしょ》から年寄《としよ》りだったわけではありません
「子供《こども》笑《わら》うな来《き》た道《みち》じゃ。年寄《としよ》り笑《わら》うな行《い》く道《みち》じゃ」といわれるように、自分《じぶん》の未来《みらい》の姿《すがた》なのです
親《おや》に育《そだ》ててもらった恩《おん》を忘《わす》れ、会話《かいわ》もなく、冷《つめ》たく接《せっ》していたならば、自分《じぶん》が年老《としお》いた時《とき》に、同《おな》じ報《むく》いを受《う》けても文句《もんく》は言《い》えません。まいたタネは必《かなら》ず生《は》えるのです

経済的《けいざいてき》に厳《きび》しい時《とき》に、心《こころ》まで貧《まず》しくなったのでは、やること、なすこと、暗《くら》いほうへばかり傾《かたむ》いてしまいます
鷹山《ようざん》は、目前《もくぜん》の損得《そんとく》にとらわれず、まず、人間《にんげん》としての真《ま》っすぐな生《い》き方《かた》を示《しめ》しました
そこには後《うし》ろめたさがないから、心《こころ》が明《あか》るく、豊《ゆた》かになり、自信《じしん》を持《も》って進《すす》むことができたのです

大《たい》切《せつ》な心《こころ》

「ありがとう」を両親《りょうしん》に

上杉鷹山《うえすぎようざん》は、孫《まご》の三姫《さんひめ》が結婚《けっこん》する時《とき》に、次《つぎ》のような手紙《てがみ》を送《おく》っています。

「父母《ふぼ》の恩《おん》は、山《やま》よりも高《たか》く、海《うみ》よりも深《ふか》いものです。この恩徳《おんどく》に報《むく》いることは到底《とうてい》できませんが、せめてその万分《まんぶん》の一《いち》だけでもと、心《こころ》の及《およ》ぶだけ、力《ちから》の届《とど》くだけを尽《つ》くし、努《つと》めることを孝行《こうこう》というのです。

その方法《ほうほう》にはいろいろありますが、結局《けっきょく》は、この世《よ》に生《う》んでくださったご恩《おん》を常《つね》に忘《わす》れず、父母《ふぼ》をいたわり、大切《たいせつ》にしようとする心《こころ》が、最《もっと》も重要《じゅうよう》なのです。誠心誠意《せいしんせいい》、この心《こころ》がけで接《せっ》するならば、多少《たしょう》の行《ゆ》き違《ちが》いや落《お》ち度《ど》があっても、必《かなら》ず心《こころ》が通《つう》じるものです」

親《おや》には、山《やま》よりも高《たか》く、海《うみ》よりも深《ふか》いご恩《おん》があると、上杉《うえすぎ》鷹山《ようざん》は、教《おし》えていますよ。

お父《とう》さん、お母《かあ》さんに、「ありがとう」と、たくさん言《い》っていますか。

ものしりアルバム

餐霞館跡《さんかかんあと》

上杉鷹山《うえすぎようざん》が隠居《いんきょ》した後《あと》の住居跡《じゅうきょあと》です。「餐霞《さんか》」とは「霞《かすみ》を食《た》べる」という意味《いみ》で、その名《な》のとおり鷹山《ようざん》は非常《ひじょう》に質素《しっそ》な暮《く》らしをしたと伝《つた》えられています。

上杉鷹山肖像《うえすぎようざんしょうぞう》画《が》

（米沢市上杉博物館蔵）

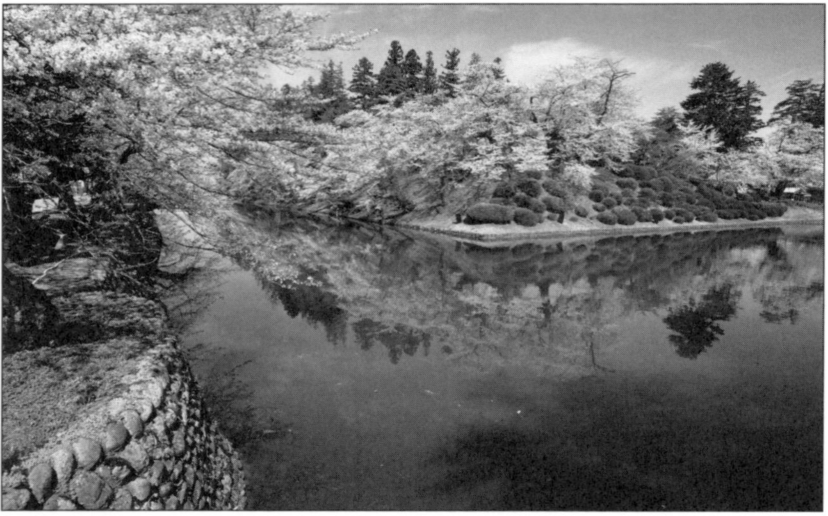

米沢城跡《よねざわじょうあと》

上杉家《うえすぎけ》は、景勝《かげかつ》の代《だい》に、越後国《えちごのくに》（現在《げんざい》の新潟県《にいがたけん》）からこの米沢《よねざわ》に移《うつ》りました。上杉鷹山《うえすぎようざん》もこの城《しろ》で政治《せいじ》を行《おこな》ったのです。

原作

新装版『こころの道』

新装版『こころの朝』

新装版『思いやりのこころ』

『まっすぐな生き方』

この歴史マンガは、木村耕一編著の、上記の書籍に掲載されているエピソードを原作として描いたものです。

〈参考文献〉

【1】シュリーマン

シュリーマン（著）関楠生（訳）『古代への情熱』新潮文庫、1977年

ヨハンナ・インゲ・フォン・ヴィーゼ（作）大塚勇三（訳）『夢を掘りあてた人』岩波書店、1969年

【2】緒方洪庵

浦上五六『適塾の人々』新日本図書、1944年

緒方富雄『緒方洪庵伝』岩波書店、1942年

藤野恒三郎『医学史話―杉田玄白から福沢諭吉―』菜根出版、1984年

【3】橋本左内

浦上五六『適塾の人々』新日本図書、1944年

【4】信玄と家康

岡谷繁実『名将言行録』岩波文庫、1943年

【5】阿難

中村元・増谷文雄（監修）仏教説話大系編集委員会（著）『仏教説話大系』2、鈴木出版、1982年

ワンガリ・マータイ（著）福岡伸一（訳）『モッタイナイで地球は緑になる』木楽舎、2005年

【6、7】二宮金次郎

吉地昌一『二宮尊徳全集』6・7、福村書店、1966年

楽鷹真人（編）『二宮翁教訓道話』文錦堂・万巻堂、1906年

和田傳『二宮金次郎』童話屋、2003年

【8、9】上杉鷹山

安彦孝次郎『上杉鷹山の人間と生涯』壮年社、1942年

甘糟継成(編)『鷹山公偉蹟録』鷹山公偉蹟録刊行会、1934年

池田成章(編著)『鷹山公世紀』池田成彬、1924年

木村耕一(編著)『親のこころ』1万年堂出版、2003年

小西重直『鷹山公と平洲先生』同文社、1944年

鈴村進『名指導者 上杉鷹山に学ぶ』三笠書房、1992年

山田三川(著)小出昌洋(編)『想古録』2、平凡社、1998年

横山昭男『上杉鷹山』吉川弘文館、1987年

「翹楚篇」「余韻附尾」(国史研究会編纂部編『日本偉人言行資料』国史研究会、1916年)

まんが：太田 寿（おおた ひさし）

昭和45年、島根県生まれ。
名古屋大学理学部分子生物学科卒業。
代々木アニメーション学院卒業。映像制作の仕事を経て、
現在イラスト・マンガを手がける。
日本の戦国時代を中心とした歴史の話題を好み、
城跡を愛する二児の父親。
月刊誌などに連載マンガ多数。
歴史マンガは、英語、ポルトガル語にも翻訳されている。

原作・監修：木村 耕一（きむら こういち）

昭和34年、富山県生まれ。
富山大学人文学部中退。
東京都在住。エッセイスト。
著書　新装版『親のこころ』、『親のこころ２』、『親のこころ３』
　　　新装版『こころの道』、新装版『こころの朝』
　　　新装版『思いやりのこころ』、『まっすぐな生き方』

マンガ　歴史人物に学ぶ
大人になるまでに身につけたい大切な心３

平成28年(2016)　６月27日　第１刷発行

まんが	太田 寿
原作・監修	木村 耕一
発行所	株式会社　１万年堂出版 〒101-0052　東京都千代田区神田小川町2-4-5F 電話　03-3518-2126　FAX　03-3518-2127 http://www.10000nen.com/
	公式メールマガジン「大切な忘れ物を届けに来ました★１万年堂通信」 上記URLから登録受付中
装幀・デザイン	遠藤 和美
印刷所	凸版印刷株式会社

 ISBN978-4-86626-003-7　C8037

歴史人物《れきしじんぶつ》に学《まな》ぶ大切《たいせつ》な心《こころ》

6

二宮金次郎《にのみやきんじろう》

ごまかさず、こつこつ、まじめに取《と》り組《く》む

7

二宮金次郎《にのみやきんじろう》

常《つね》に相手《あいて》のためを思《おも》って行動《こうどう》する